着道楽の簞笥からこぼれる、きもの。
一枚、一枚に思いが

北欧のテキスタイルのような銘仙。
「＋」の模様が楽しい

いつの間にか集まってしまった銘仙。
ダリアが咲いたような華やかな柄

ペンギン柄！
昭和32年日本の観測隊が南極に到達した頃作られたもののよう

宝石＋王冠＋テニスラケットが描かれた銘仙。
ヒントは「テニスコートの恋」

五輪を思わせる柄。
東京五輪と関係あるのでしょうか？

モダンな柄かと思えば、大胆な矢絣

一面のお花に一目ぼれした銘仙

赤、黒、白の幾何学模様は、
ロシア・アヴァンギャルドの影響かも

「館山唐桟」を伝える齊藤家。
染められたばかりの糸が風に揺れます

齊藤家の藍甕。
ここからあの藍色が生まれます

丁寧に織られた「館山唐桟」。
縞が無限に広がってゆきます

齊藤家で大事にされている縞帖

日本橋の美人姉妹、
東郷治子さんと中村雅子さん

日本橋にあった喫茶店「えすぺろ」。
美人姉妹を目当てに通っていたひとが多かったとか……

美人姉妹は後ろ姿もさりげなく、おしゃれ。
小さくまとめられた髪に、なだらかな肩のライン

えすぺろで使われていた道具たち。
大切に手入れされていました

店内には、亡くなられたもうひとりのご姉妹のお写真が

日本橋を歩く美人姉妹。
歩くひとたちがふりかえります

浅草木馬亭。
今も浪曲の定席がある演芸場は、昭和の香り

木馬亭の粋な曲師、沢村豊子師匠。
舞台を艶やかなきものが彩ります

三味線を調弦する豊子師匠

帯のあたりにちらりと揺れる、匂い袋。
真似してみたいおしゃれです

本郷の喫茶店「金魚坂」の女将、吉田智子さん

金魚絵師・深堀隆介さんの手による帯。
ふわりと夢のような金魚たちが泳いでいます

金魚屋さんがあるから、
子供たちがいつしか呼ぶようになった「金魚坂」

きものをまとったような本たち。
森田たまさんの随筆は、とてもかあいらしい装丁。
「幸田文全集」は、幸田文さんのためにデザインされた格子柄

日々、きものに割烹着

猪谷千香

筑摩書房

装丁　中林麻衣子
カラー頁写真　豊田都
白黒写真　著者提供

日々、きものに割烹着　目次

まえがき　割烹着きもの

家の真ん中には、縞のきものに白い割烹着のお母さん。

「いただきます！」

両親と五人の子供たち、それに住み込みで働く弟子が三人。総勢十人が食卓に集まり、一斉に箸を取る。昭和のはじめ。東京の下町、両国にある写真館の、いつもの朝だ。

ちゃぶ台には、いわしの干物、佃煮、ふき豆、それにご飯とおみおつけ。卵があれば「おんの字」で、昨日の夕飯で残ったジャガイモの煮物も、そしらぬ顔で一緒に並ぶ。

食べ盛りの子供たちが、お腹いっぱい食べられるよう、忙しく立ち働くのは、お母さんだ。朝ご飯が終わり、子供を学校に送り出すと、掃除に洗濯、写真館に来たお客さんの応対。気づけばもう夕方で、また、ご飯の支度にかかる。お母さんは、一日中、割烹着が手放せない。

それでも、家で十人そろってのご飯は、外で食べるどんなご馳走よりもおいしかったらしい。

「まあ毎回、大変な騒ぎだったよ。うかうかしてると、食いっぱぐれちまうからね」

五人の子供の一人、その写真館の長女だった祖母は、文句を言いつつ、思い出し笑いが止まらない。割烹着姿のお母さん、つまり曾祖母は、明治生まれ。浅草の下駄問屋の娘として育ち、写真師だった曾祖父に嫁いで、両国の写真館で死ぬまできもので過ごした。晩年もお出かけには江戸小紋をすっきりと着こなす、下町の粋な女性だった。

大正生まれの祖母は、両国生まれの両国育ち。自称「両国小町」だが、どうやら年頃の娘が近所には祖母だけだった、というのが真相らしい。男兄弟の中の紅一点。しみったれたことが大嫌いで、思ったことは、腹にためておけずに、ポンポン口をついて出る。

物静かで忍耐強かった明治女の曾祖母と、自由闊達《かったつ》な大正モダンガールの祖母。水と油のような二人だったが、きものが大好きということだけは、遺伝したようだ。決して裕福ではなかったものの、曾祖母も祖母も、やりくりしながら、きものを誂えていった。もちろん、自分の娘たちや、孫の分まで。

受け継がれたのは、きものだけではない。曾祖母の割烹着姿は、昭和の時代がどんなに激変しようとも、変わることはなかった。祖母は、したり顔で話す。

「あんたのお母さんや叔母さんが、お嫁に行くときは、きものをたくさん誂えたけれど、白い割烹着もちゃあんと、持たせたんだよ」

私が祖母の見よう見まねで着付けを覚え、なんとかきものを着られるようになってから、数年が経つ。会社員生活のかたわら、週末はきものに袖を通す。特別なお出かけをするわけでもない。

せいぜい、近所まで買い物に行くぐらいで、木綿やウールといった普段着のきものを着て、のんべんだらりと過ごすだけ。当然のことながら、きもののまま掃除、洗濯、料理もする。

はじめは、気取ってカフェエプロンのような前掛けにたすきをしていたのだけれど、胸元に水が撥《は》ねることもしばしば。エプロンの丈も短くて、動きまわっていると、上前を汚してしまいそう。ひいおばあちゃんやおばあちゃんは昔、どうやって、きもので家事をこなしていたのかしら？

疑問に思って祖母に訊ねてみたら、答えは「割烹着」だった。

「最近は、色のついたのや、柄ものもあるらしいけど、やっぱり白だね。なんてったって、清潔だもの」との助言も受け、さっそく割烹着を買ってきた。

ひざ下二十センチはある、ロング丈。これなら、お風呂掃除まで完璧にできそう。意気揚々と割烹着を身につけ、鏡の前に立ってみる。

「フネさん？」

そこに映っていたのは、サザエさんのお母さんの磯野フネさん。フネさんは、世が平成になっても、きものに割烹着で颯爽《さっそう》と家事をこなしている。地味な普段着きものに、小さめのあっさりお太鼓。その上から洗いたてとおぼしき白い割烹着をまとい、にこやかに一家を切り盛り。その、肩の力が抜けたきもの姿、あこがれずにはいられない。

かつて、フネさんのようなきもの姿の女性は、東京中にいた。曾祖母や祖母がそうだったように。

祖母が「昭和のお母さん」現役だったころ、お気に入りだったという縞のお召しに、割烹着を着てみた。台所に立っていると、家族のにぎやかな食卓の音が聞こえてきそう。

きものといえば、冠婚葬祭の礼服や晴れ着ばかりが目につくけれど、もしかしたらこの東京のどこかに、まだフネさんのようなきもの姿が見つかるかもしれない。フネさんを探す散歩に出てみよう。お気に入りの木綿のきものに袖を通し、下駄をつっかけて。

そうときまれば、今夜はジャガイモでもことこと煮ようかしら。晩ご飯の時間が近づいて、少し忙《せわ》しなくなってきた。曾祖母や祖母のようにはいかないけれど、割烹着を着ているときは、ここをキッチンではなく台所と呼びたい。鼻歌まじりに、お玉でなべの底をぐるりとまわした。

割烹着姿の曾祖母
（昭和18年）

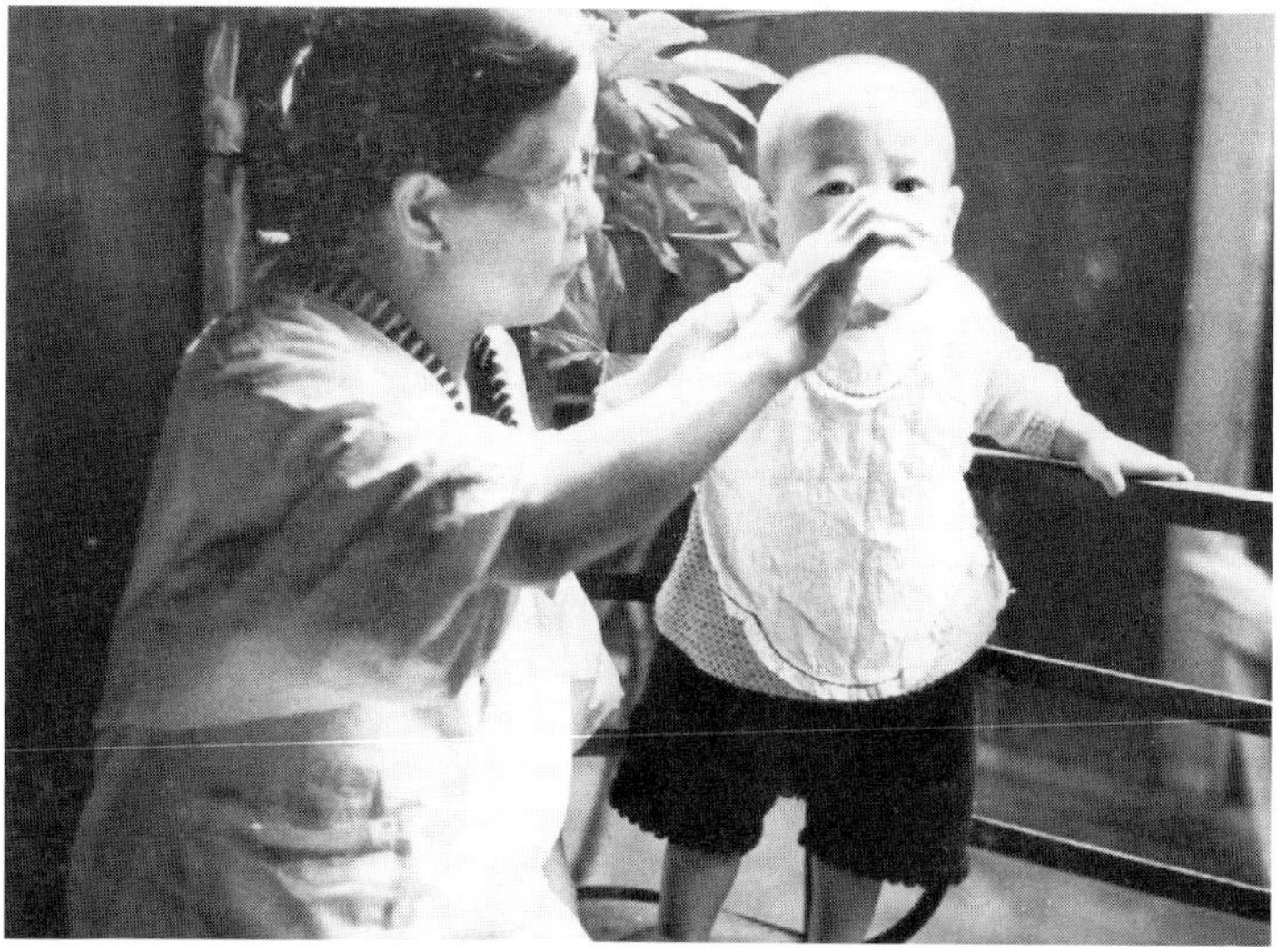

子供にミルクをのませる曾祖母
（昭和10年ごろ）

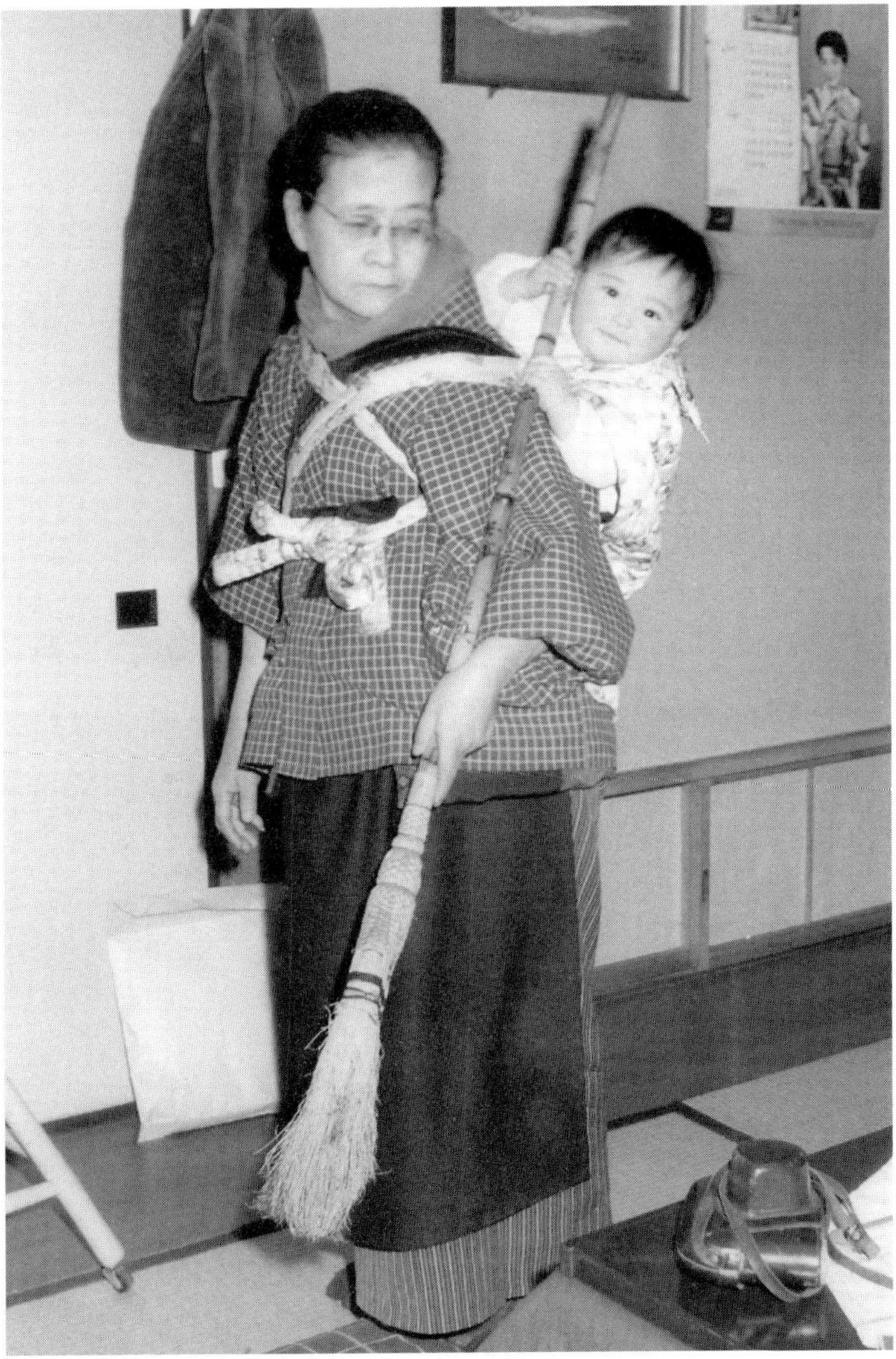

孫をあやす曾祖母
（昭和36年ごろ）

日々、きものに割烹着

第一章
フネさんにあこがれて

下駄をからころ

古いアルバムに貼られた曾祖母の写真。明治生まれの曾祖母は、何をするにもきものだった。そして、足下はいつも下駄。夏の浴衣《ゆかた》だけじゃない。どこに行くにも、下駄でからころと出かけていった。

昭和三十年代、日光東照宮に、三保の松原。旅行先の記念写真におさまった曾祖母は、紬らしききものをまとい、やっぱり下駄をはいている。浅草の下駄問屋の娘だったことを差し引いても、曾祖母の下駄好きは筋金入り。日光の山道や松原の海岸は、靴だって歩きにくいはずだけれど、曾祖母の下駄はなんてことなかったようだ。

下駄は、東京のきものと切っても切れないものらしい。

「関西よりも関東で売れますね」とは、高松から東京に下駄を売りに来ていた、履物屋さん。関西好みの、正絹の染めの「やわらかもの」には草履、関東好みの紬には下駄と、相場が決まっているのだという。

女らしいやわらかものは、優しく体をつつんでくれる。足下に硬い質感の下駄は似合わない。

温和な、丸みのある草履が好まれる。逆にしゃきっとした着心地の紬に、草履は心もとない。下駄のほうが、一本、筋が通る。

曾祖母の足下には及ばないけれど、からりと晴れた日には、私も無性に下駄を履きたくなる。普段着の木綿きものをひっかけ、二枚歯を下駄箱から取り出した。本当は草履の形に似た、右近下駄が履きやすいのだけれど、ここは粋だった曾祖母のようにすっきり決めこみたい。

からころ、からころ、からころ。

ふふふ、良い音。ご満悦で二、三歩、歩いた途端に、ばきっと耳障りな音。

根元からポッキリ、歯が折れてしまっていた。さっきまでの威勢はどこへやら。情けなく地面に取り残された「歯」を拾い上げると、慌ててヒョコヒョコ、家へ戻るはめに。

お気に入りの下駄だったのに。落ち込んで、犯人捜しをしてみる。東京の硬いコンクリートが悪かった？

「下駄の歯がちびてしまうことはあったけれど、折れたなんざ、聞いたことがないね」

下駄はみんな二枚歯だったという両国育ちの祖母に、そんな経験はないか聞いてみたら、あっさり否定されてしまった。

「安物を履いていたんじゃないのかい？　私の下駄はいつも、両国の岡田屋さんのだったからね」と自慢まで。

両国の岡田屋さんとは、明治創業の老舗履物屋さん。場所柄、力士御用達のお店で、巨大な履物を扱っていることでも有名だ。

「どうしても気に入った本柾《ほんまさ》の下駄があって、親に内緒で買ったこともあったね」と祖母。本柾といえば、幹から丸ごと台をくりぬいた高級な台。普通は、二、三円の下駄が、本柾だと倍の五円はしたという。もちろん、後からバレて、祖母はしこたま怒られたのだが、それほど岡田屋さんの下駄は魅力的だったらしい。

祖母が案内してくれるというので、岡田屋さんを訪ねてみることに。普通、履物屋さんは女性ものの華やかな草履が目立つものだが、ここでは「三十センチ」などと書かれた大きな雪駄や下駄が、ところ狭しと棚に並べられている。もの珍しさにきょろきょろしていると、ご主人は丁度、若いお相撲さんの雪駄の修理を終えたところだった。

お礼を言って帰って行くお相撲さんの後ろ姿に、祖母はやや呆れ顔になっている。

「今、あんなマゲも結えないような、髪も揃ってない新弟子さんでも、雪駄を履くんですか？」

両国が地元の祖母。戦前からお相撲さんは散々、見てきているのでチェックが厳しい。

「昔はお弟子さんには、足腰を鍛えるために、無理して歯の長い高下駄を履かせたもんですけどね。今の若い人は足腰が弱いから……。雪駄じゃないとダメなんですよ。こんな色のものとか」

ご主人が苦笑しながら指さした棚には、度肝を抜くようなピンク色やオレンジ色の雪駄が陳列されている。「今のお相撲さんは、真っ赤なきものを着たりしますからね。雪駄も派手じゃないとダメみたい。昔は、粋に茶の雪駄を合わせたりしたもんですけどね」

色のセンスはさておき、プロスポーツ選手である力士でも、下駄をうまく履きこなせないのかしら。嫌な予感を覚えつつ、二枚歯事件の真相を訊ねてみた。

「今と昔では、歩き方が違いますからねえ。洋服着て歩く感覚で、大股でさっさと歩くでしょ？下駄の材質は、今も昔も変わらないはずなんだけど」

ご主人に笑われてしまった。予感は的中、真犯人は歩き方だったようだ。

「まあ、格好よく履きたければ、履いて履いて履きまくることだねえ」

祖母のいい加減なアドバイスが、下駄の達人への、近道なのかもしれない。

日本橋あたりに暮らしていると、今でも夕方になれば軽快な足音が聞こえてくる。窓から見れば、近所のおばあさんが夕飯のお買い物に行くところ。赤い鼻緒に、ちょっとちびた白木の二枚歯。からころ、からころと軽やかな音が、いつまでも夕暮れの空に響いている。

昭和30年代、博多帯と下駄の普段着で
静岡三保の松原あたりに旅行する曾祖母（右から２人目）

昭和20年代、
洋服にも下駄をつっかけた曾祖母、祖母、母

昭和33年、
旅先で下駄をはいた曾祖父と曾祖母（一番右）

愛しの木綿

こんなに愛しているのに。きものの神様は意地悪だ。気に入っているきものほど、よく汚す。またやってしまった。きものを畳んで始末しようというとき、上前に見事な染みを発見。昨夜の食事でソースをこぼしたらしく、くっきり濃い水玉が浮き上がっている。悉皆代《しっかい》もばかにならない。ため息ひとつ。

いっそのこと、ポリエステルのきものにすれば楽だとは思うけれど、どうにもあのひんやりとした肌ざわりが好きになれない。乾燥肌のせいか、静電気もひどい。雨の日にどうしても外出しなければならないときの、いわば最終兵器。粗忽ものの私でも、安心して着られる普段着きものはないものかしら？

近所の古着屋さんで相談してみると、絣《かすり》模様がかわいらしい、木綿のきものをすすめられた。浴衣も木綿だが、これはもっと布地が分厚くて、丈夫そう。持ち帰り、嬉々として祖母に見せると、きものを片手で持ち上げ、品定めしてから言ってのけた。

「ずいぶんと重いねえ。木綿だから、すべりも悪いよ」

鼻先でふん、てなもんである。着道楽な祖母のおかげで、我が家は幸い絹のきものには事欠かない。けれど、木綿のきものは一枚もないことに気づいた。

大正生まれの祖母にとって、木綿は完全な家着、労働着。着古せば襦袢《じゅばん》に、座布団に、雑巾《ぞうきん》にするもの。きものがお出かけ着、よそ行き着になってしまった今、わざわざ買うものではない、というのが祖母の理屈だ。

しかし、このままでは悉皆貧乏に陥ってしまう。祖母の冷ややかな視線を浴びながら、木綿のきものに袖を通してみる。すると、肌触りはとてもよい。絹の滑らかな感触も捨てがたいが、木綿のざらりとした素朴な味も悪くない。まるでTシャツを着ているよう。

さらに探してみれば、洋服地できものを作るお店を発見。嬉しくなって、デニム地で仕立てられたきものを羽織ってみたところ、これは行き過ぎ。さすがに重くて動きづらい。

もっと軽くて、素敵な木綿きものはないのだろうか？

調べてみると、少ないながらも、全国でまだまだ作られていることが分かった。出羽木綿、真岡《もおか》木綿、館林木綿、館山唐桟《とうざん》、三河木綿、松阪木綿、阿波しじら、弓浜絣、伊予絣、備後絣、作州絣、久留米絣……。

しかし、木綿の反物を扱っている呉服屋さんは数少ない。東京では、浅草でちらほら見かけるぐらいで、品揃え豊富とは言い難い。ネットショップでも売られているが、木綿きものは肌触りが命と勝手に思い込んでいる。できれば、じかに触れて確かめたい。

東京にないのなら、産地に直接出向くしかない。まずは、近場の埼玉県川越市まで。お目当ては、川越唐桟、通称「川唐《かわとう》」。川唐を取り揃えている呉服屋さんにうかがい、反物を拝見する。

一口に木綿といっても、個性豊か。川唐は滑らかで、きりりとした縞はストライプのワイシャツに近い感触だ。仕立ててみれば、軽くて裾さばきも悪くない。

すっかり木綿きものに味をしめて、今度は新潟県小千谷市の「紺仁《こんに》染織工房」まで足を延ばしてみた。片貝木綿を今でも織り続けている工房だ。片貝木綿は、川唐に比べるとざっくりとした印象。しかし、格子というよりもチェックと呼びたいような洒落た柄が多い。洗えば洗うほど、ガーゼのように柔らかくなるとも聞けば、試さずにはいられない。

さらに、デニムのようなしっかりとした会津木綿。ワッフル地が暖かく、軽さはいちおしの保《ぼ》多織《たおり》。愛しの木綿きものは、どんどん増えていく。単《ひとえ》で仕立てれば、真夏と真冬以外の長いシーズンで着ることができる。機械織りであれば、お値段もリーズナブルで、一反数千円から手に入る。

そして、最も大切なのは洗濯が可能ということ。何度も水をくぐらせてみれば、芯の硬さは抜けてどんどん柔和な表情を見せてくれる。袖を通すと、古くからの友達がそばにいてくれるような感覚だ。

そろえた木綿きものをせっせと着込み、祖母に披露してみた。「木綿も洒落たのがあったんだね。悪くないよ」とまんざらでもない様子。きものの神様にありがとう、とつぶやいた。

恋する銘仙

「きらめく宝石」に「輝く王冠」。それに「テニスラケット」とは一体、なあに？

まるで謎解きをさせられているような柄のきものを前に、頭をひねる。ヒントは「昭和三十四年」。今の天皇陛下、つまり当時の皇太子殿下の、日本中を沸かせたご成婚があった年。「テニスコートの恋」をモチーフにして織られた、五十年ほど前の銘仙《めいせん》だった。

よくよく見れば、カラフルな菊の花も背景に咲き乱れている。当時の乙女たちは、こんな銘仙を着て、物語のような、かの恋に憧れたのだろうか。

そうかと思えば、流氷の上をよちよち歩きするペンギンの群れ。これは、昭和三十二年に日本の観測隊が南極に到達して、昭和基地を建設したころに作られたものらしい。日本中が熱狂したかわいいペンギンの柄は、今のキャラクターグッズにも引けをとらない。

銘仙はかつて、伊勢崎、足利、秩父、八王子、桐生など、おもに関東で織られていた。絹とはいえ、比較的安価なので、昭和三十年代にウールのきものが台頭してくるまでは一大ヒット商品。今でいえば、ユニクロみたいなもの。大正時代おわりから昭和の初めまでに作られた銘仙は、十年間で一億反以上ときく。苛烈な販売競争だったのだろう。当時の流行を敏感に反映させたデザインは、今も乙女心をくすぐるものばかり。

これが本当にきもの?

数年前、古着屋さんで生まれて初めて銘仙を見たときは、本当に驚いた。分厚いファッション雑誌をめくり、次のシーズンにはどんな洋服を買おうか、いつも悩んでいた。一カ月コーディネートが載っているページを見ては、手持ちの洋服の組み合わせを考える。それも楽しかったけれど、毎年どこか見たようなファッションの繰り返し。

三十歳を超えたあたりから、流行を追うことに飽きてしまっていた私にとって、今なお斬新な銘仙との出会いは、恋に落ちた瞬間だった。

「メイセンていうきもの、着たいと思ってるの!」

家族に話した途端、爆笑された。祖母も両親も叔父夫婦も、みんな大笑いしている。

「それはメイセンじゃなくて、銘仙だよ」。六十代の叔父が正しい発音を教えてくれた。アクセントの位置が分からなかったのだ。

銘仙は私たちの世代にとって、発音すらできない絶滅きもの。しかも、隆盛を誇っていた当時でも、決して一流品ではなかった。普段着中の普段着で、着古されれば布団の皮になる運命だった。

「昔、伊勢崎銘仙の売り上げは、県の予算の六倍でした。お医者さんよりもうちが一番早く、車を買いました。そんないい時期もあったんです」

最大の産地だった、伊勢崎の、ある織り元さん。再び注目を集め始めた銘仙を織っているという。「大正、昭和のころとまったく織り方は変わってません」。ただ、職人さんは高齢化して人数も減っている。一日に二百反織れたものが、今は二十反がやっと。ちょっとさみしい話だ。

「東京のお嬢さんは長いあひだ銘仙を着る。お嬢さんばかりではない。老後の婦人もまた、冬の炉端に、縞銘仙の綿入れを着て坐つてゐる。軽さとあたたかさが安らかな感じを与へるのであらう。銘仙は関東の女の一生を支配するといつても過言ではない」

随筆家、森田たまさんの『きもの随筆』（昭和二十九年、文藝春秋新社）にある言葉。お洒落な東京の女の子の普段着だった銘仙に、北海道に生まれ育ち、木綿の筒袖が決まりだった、たまさんも憧れたという。

手に入れた銘仙を着てみれば、心が浮き立つよう。絹特有の軽やかさに、ポップでかわいいデザイン。光沢のあるすべりのよい布は、足さばきもよく、歩くテンポにはずみをつけてくれる。

銘仙に恋する女の子は少なくない。週末のお出かけには、あのワンピはやめて、この銘仙にしようかしら。そんな女の子がもっと増えれば、街の風景がもっと楽しくなるはず。

魔法の帯

「きもの一枚に帯三本」は、昔からよく言われる言葉。

きもの初心者向けの本には、一枚のきものを三本の帯で着まわすコーディネート写真が、必ず掲載されている。きものも帯も多いほうが嬉しいに決まってる。

けれども、きものと帯の面積を比較してみると、圧倒的にきものが広い。つまり、きものを換えたほうが、帯を換えるよりも、見た目のインパクトは大きいはず。

ならば、「きもの三枚に帯一本」でゆこうと浅はかに考える天邪鬼。そんな「魔法の帯」はないものか、祖母に訊ねてみた。

「そりゃあ、博多だね。なんてったって、袷《あわせ》にも単《ひとえ》にも浴衣《ゆかた》にも合わせられる」

さすが、亀の甲より年の功。名古屋帯なら袷の季節、単帯なら六月から九月までと、一年中使える「魔法の帯」は、博多帯だった。

曾祖母や祖母の古い写真を見ても、〝博多率〟がとても高い。ちょっとした袷の紬にも、真夏の小千谷ちぢみにも、すっきりとした博多帯を締めている。

博多帯は、いわゆる「博多献上帯」が有名だ。江戸時代、筑前藩が幕府に献上していたことから、その呼び名がついている。相撲の力士たちが愛用する帯としても知られる。幕下になるとやっと締めることが許される、ステイタスある帯なのだ。

祖母が育った、戦前の両国。国技館で春場所が開くと、九州から「博多屋」さんが上京してきた。「博多屋」さんは、もともと力士の締め込みや化粧回しを作る博多帯の専門店だったが、いつのころからか、女性向けの博多帯をたくさん背負ってくるようになった。相撲茶屋のおかみさんや、芸者さんたち相手にも、売りさばいていたという。粋な下町の女性たちに、博多帯は大人気だった。

「締めれば緩まないし、つまんない帯買うよりよっぽど使える」

祖母の博多帯びいきは、そのころから。着道楽にそういわれては、なんとしても「魔法の帯」を入手せねばという気になってくる。

まず、夏に締める単帯から探し始めた。ところが、頼みの古着屋さんの単帯は、状態が悪いものが多い。あまりに便利なため、前の持ち主が締めて締めて締め倒したらしく、汗染みがきつい。かといって、新品を買う予算もない。

「お金を貯めて来年、新しいのを買うよ」と祖母に話したところ、突然、浅草に行こうと言い出した。「いい帯屋さんがあるから、見てみよう。おばあちゃんが買ったげる」。

「博多帯」と聞いて、祖母の着道楽魂に火がついたらしい。数時間後には、「帯源」さんの前に立っていた。「帯源」さんは、新仲見世にある帯専門店。創業九十年という、祖母が娘時代から愛用していた店だ。

値段も下町らしく、リーズナブルなものから揃っている。だが、残念なことに気に入った柄がない。「今日はあきらめよう」と店を出て振り返ると、祖母は時計を見ていた。

「まだ、日本橋の髙島屋の閉店時間に間に合うよ」

転戦した日本橋の髙島屋では、気に入った柄はあったものの、予算が厳しい。「今日はもう、あきらめよう」と言いかけると、「近いから、三越も見てみようかね」。

引きずられるようにして訪れた日本橋の三越で、ようやく予算と柄がつりあう帯を発見できた。象牙のような地色に、桃色と水色、薄墨色が織り込まれている。涼しげで、手持ちの浴衣にも、夏きものにもぴったりだ。

せっかく祖母が買ってくれた帯なので、大事に使うつもりだが、薄い色なので汚れが心配だった。呉服売り場の方にケア方法を訊ねたところ、糸が太く、きつく織られた博多帯は、汚れが織目に入ると、どうしても取れないという。

しかし、奥の手もないことはない。ベテランの男性店員さんによると、「昔は先輩に言われて、銀座の伊東屋さんで砂消しゴムの粗いのを買ってきて、汚れをこすって消したもんです」。

「魔法の帯」を抱きしめて三越を出たときには、日もとっぷりと暮れていた。家へ帰ってへとへとになっている孫娘に、「こういうのはね、いっぺんに見ないと、見つからないもんだよ」と大満足の祖母。

着道楽が治る「魔法の薬」はないのかしら?

祖母に聞こえないよう、こっそり文句をたれながら、さっそく博多帯をきゅきゅっと締めた。

縞の小紋に博多帯を締めた、
下町らしい装いの曾祖母と、曾祖父

三越で買った、
緋色にカラスが舞う祖母のきもの。
黒い博多帯を合わせていた

日本橋暮らし

焼きたての香ばしいフランスパンがのぞく籐のバスケットを思い描いていたはずなのに、現実は長ネギがはみ出る魚河岸《うおがし》籠《かご》。築地市場へ仕入れにきたお兄さんたちが持っている、あの竹製の籠だ。どうしてこんなことになったのかしら？

からころ音をたてる足下は、ミュールではなく、下駄だし。ぼやぼやした山の手育ちが、縁あって住みついたのが、下町の日本橋だった。

日本橋は、老舗呉服屋さんや呉服問屋さんが多い。今でも、きもの姿のひとたちが歩く歴史のある街。きもの初心者だったころ、日本橋できものを着て歩くというのは、もはや肝試しに近かった。

例えば、古着屋さんで買ったアンティークきものを、着付け教室にも通わず独学でマスターした方法で着てみる。帯も古着、半衿や足袋はネットで買った色柄もの。

向かうは大店、三越。東京屈指の呉服売り場で、先日オーダーした浴衣を受け取らなければな

chikuma primer shinsho

ちくまプリマー新書《さいしょのしんしょ》

★1月の新刊　●7日発売

125
はじめての坂本龍馬
明治大学教授
齋藤孝

新鮮な希望とビジョンを示し、自分が持つ憧れを出会う相手に感染させ、日本の方向性を変える大仕事につなげていった龍馬。自分の人生を切り開いていく術を学ぶ！

68829-3
819円

126
就活のまえに
▼良い仕事、良い職場とは？
福井県立大学特任教授
中沢孝夫

世の中には無数の仕事と職場がある。その中から、何を選ぶのか。就職情報誌や企業のホームページに惑わされず、働くことの意味を考える、就活一歩前の道案内。

68830-9
840円

127
遠野物語へようこそ
立正大学教授
三浦佑之・東北芸術工科大学教授**赤坂憲雄**

豊かで鮮やかな世界を秘めた『遠野物語』。河童、神隠し、座敷わらし、馬との恋、狼との死闘、山男、姥捨て……。物語の不思議を読み解き、おもしろさの秘密に迫る。

68827-9
798円

128
かのこちゃんとマドレーヌ夫人
万城目学
最新刊!!

元気な小学一年生・かのこちゃんと優雅な猫・マドレーヌ夫人。その毎日は、思いがけない出来事の連続で、不思議や驚きに充ち満ちている。書き下ろし長編小説。

68826-2（1月27日刊）　903円

価格は定価（税込）です。6桁の数字はJANコードです。頭に978-4-480をつけてご利用下さい。

好評の既刊　＊印は12月の新刊

その言い方が人を怒らせる——ことばの危機管理術
加藤重広　誰でも思い当たる「まずい」事例を満載した会話の必携本
06520-9 777円

それでも子どもは減っていく
本田和子　少なく産みたい女性の実態は。女性・子ども視点の少子化論
06517-9 777円

完全教祖マニュアル
架神恭介／辰巳一世　古今東西の宗教を徹底分析。本邦初の実践的解説書！
06513-1 777円

環境思想とは何か——環境主義からエコロジズムへ
松野弘　近代から現代までの環境思想の展開を包括的に論じる
06519-3 903円

論理病をなおす！——処方箋としての詭弁
香西秀信　議論力だけでもなく、思考力も鍛えられる詭弁とは？
06516-2 735円

使える！ 経済学の考え方——みんなをより幸せにするための論理
小島寛之　人間行動のロジックを確率で解く。よい社会って何？
06509-4 777円

高校生のための科学キーワード100
久我羅内　太陽発電、DNA鑑定…。最新科学を分かりやすく解説
06507-0 777円

ドキュメント 高校中退——いま、貧困がうまれる場所
青砥恭　中退者は底辺校に集中する！ 知られざる実態に迫る
06511-7 777円

日本シリーズ全データ分析——短期決戦の方程式
小野俊哉　短期決戦に強い監督とその采配を探る。野球ファン必携
06515-5 756円

週末起業サバイバル
藤井孝一　給料以外の収入源をもとう！ サラリーマン自衛術の決定版
06514-8 735円

「中国問題」の核心
清水美和　実力派ジャーナリストが政権の内部事情を精確に分析
06506-3 756円

コミュニティを問いなおす——つながり・都市・日本社会の未来
広井良典　ポスト成長時代の課題「つながり」をどう再生するか
06501-8 903円

現代語訳 学問のすすめ
福澤諭吉　齋藤孝 訳　明治時代の大ベストセラーは、最高の生き方指南書！
06470-7 798円

心理学で何がわかるか
村上宣寛　インチキや俗説を退け、本物の心理学を最新の知見で案内
06505-6 861円

検察の正義
郷原信郎　今揺れ動く検察の正義を問う。異色OBによる渾身の書
06510-0 756円

ゴルフ場は自然がいっぱい
田中淳夫　多様な生態系がよみがえったゴルフ場。その可能性を見直す
06504-9 777円

12歳からの現代思想
岡本裕一朗　社会や未来を考えるための8つのテーマを明快に解説
06508-7 756円

＊**教育の職業的意義**——若者、学校、社会をつなぐ
本田由紀　学校と仕事の壊れた連環を修復し、社会の再編を考える
06523-0 777円

＊**暴走育児**——夫の知らない妻と子のスウィートホーム
石川結貴　夫も親も従えて妻が闘う子育ての現場とは。驚愕のルポ
06518-6 756円

＊**社会思想史を学ぶ**
山脇直司　近代啓蒙からポストモダンまでクリアに一望する入門書
06526-1 756円

＊**仕事耳を鍛える**——「ビジネス傾聴」入門
内田和俊　ビジネス活性化へつながる「話の聴き方」をプロが伝授
06524-7 777円

＊**右翼は言論の敵か**
鈴木邦男　なぜ右翼は怖がられるのか？ その理想と実態に迫る
06521-6 798円

価格は定価（税込）です。6桁の数字はJANコードです。頭に978-4-480をつけてご利用下さい。

1月の新刊　●8日発売

ちくま文庫

ねにもつタイプ
岸本佐知子

やみつきになる面白さ。
第23回講談社エッセイ賞受賞作

何となく気になることにこだわる、ねにもつ。思索、奇想、妄想とはばたく脳内ワールドをリズミカルな名文でつづるショートショート。

42673-4
630円

三題噺
加藤周一

待望の文庫化。湯川秀樹氏との対談も収録

丈山の処世、一休の官能、仲基の知性……著者自らの人生のテーマに深くかかわる三人の人生の断面を見事に描いた意欲的創作集。　解説　鷲巣力

42671-0
819円

好評既刊　言葉と戦車を見すえて　1470円／日本文学史序説（上・下）　各1470円／高原好日　735円

陽気な黙示録
佐藤亜紀

●大蟻食の生活と意見〜これまでの意見編〜

メディア、アメリカ、文学、美食……辛口批評で知られる著者が、本音で語りつくしたエッセイ集。単行本未収録作多数。文句のある奴は前に出ろ！

42670-3
1155円

春夏秋冬　料理王国
北大路魯山人

一流の書家、画家、陶芸家にして、希代の美食家でもあった魯山人が、生涯にわたり追い求めて会得した料理と食の奥義を語り尽す。

42672-7
819円

東京オブジェ
大川渉

●人と歴史をさがしに

町を歩けば意外な人の歴史が見つかる。一葉の井戸、ホームラン地蔵など、大事件からスポーツまで、忘れられた歴史が刻まれた物体を探索する。

42676-5
924円

価格は定価（税込）です。6桁の数字はJANコードです。頭に978-4-480をつけてご利用下さい。

1月の新刊 ●8日発売

ちくま学芸文庫

自然の家
フランク・ロイド・ライト 富岡義人 訳

いかにして人間の住まいと自然は調和をとりうるか。建築家F・L・ライトの思想と美学が凝縮された名著を新訳。最新知見をもりこんだ解説付。

09265-6
1365円

禅のこころ ■その詩と哲学
竹村牧男

禅境の詩魂を味わい、禅経験の理路を「言語」「時間」「行為」などの哲学的主題にそって身近なものとすることを意図した、類例のない入門書。

09267-0
1260円

花物語 ■続植物記
牧野富太郎

自らを「植物の精」と呼ぶほどの草木への愛情。その眼差しは学問知識にとどまらず、植物を社会に生かす道へと広がる。碩学晩年の愉しい随筆集。

09272-4
1050円

聖書の起源
山形孝夫

治癒神イエス誕生の背後には異教の神々の系譜があった。さまざまな古代信仰の歴史を辿り、聖書を人々の望みと悲哀の結晶として読み解く名著。

09269-4
998円

Math & Science

解析序説
小林龍一／廣瀬健／佐藤總夫

自然や社会を解析するための、「活きた微積分」のセンスを磨く！ 差分・微分方程式までを丁寧にカバーした入門者向け学習書。 解説 笠原晧司

09259-5
1575円

新 物理の散歩道 第5集・完結
ロゲルギスト

クリップで蚊取線香の火が消し止められる？ バイオリンの弦の動きを可視化する顕微鏡とは？ 嚙みごたえのある物理エッセイ。 解説 鈴木増雄

09235-9
1260円

価格は定価(税込)です。6桁の数字はJANコードです。頭に978-4-480をつけてご利用下さい。

らないのだ。

ここの三越はシックな紬をさらりと着たマダムが目立つ。銀座の三越周辺でよく見かける、歌舞伎帰りだろうか、一張羅を着てきましたと言わんばかりの、染めのきものを着たマダムたちとは対照的。紬マダムたちは、肩の力がいい具合に抜けていて、実にさりげない上級者ぶりを誇っている。

さて、三越に到着すると、一階エントランスで買い物帰りの紬マダムたちに出会うはず。決しておどおどしてはいけない。

「あら、何かしら？」という紬マダムたちの不思議そうな視線には、恥じらうようにうつむき加減で謙虚にこたえる。そうすれば、すれ違いざまに「まあ、お若いのにきもの着られるなんて素敵ね」などと、優しい言葉をかけてもらえることも。

さらに進んで上りエスカレーターに乗る。そこへ、下りエスカレーターに乗った洋服姿のオバさま三人が出現。お喋りしながらも、あからさまな好奇の目を向けてくる。ここは恥じらってみせても、通じる相手ではない。

ドキドキする胸を押さえつつ、背筋をしゃんと伸ばしてやり過ごす。すると、「きものもいいわねえ。私も母の着ようかしら？　タンスの肥やしなのよねー」「そうよお。着なきゃ勿体ないわよお」などと、かしましい会話が遠ざかっていくはずだ。

さあ、お目当ての呉服売り場に到着。お客さんはまばらで、人の目を気にすることがないと、ほっとした矢先、もっとも手強い相手が現れる。女性ベテラン店員だ。

仕立てあがった浴衣を取りに来た旨を告げて待つ。遠巻きにしている女性店員の視線も全身に感じるが、じいっと耐える。

「こちらでございますね？」。迅速に戻ってきた女性店員から、「浴衣からおきものを始められる方が多いんですよ」などと軽い一撃。「私、袷はよく着るんですけど、実は浴衣は今年が初めてで……」と初心者なりの反撃を試みるが、あっさりトドメの一言が返ってくる。

「まあ、どうりで。お衿が、とーってもゆったりとしていらっしゃいますよねぇ！」

ゆったり着たいわけではなく、こういう着方しかできないんです、などとは言わせないセリフにすっかり撃沈されてしまう。今度は、もう一つの大店、高島屋に行ってみようかしら。

そんな日本橋暮らしをスタートさせて間もないころ、人形町で働く友人が奇妙な体験をした。逢魔《おうま》が時ともいわれる夕暮れ。かつて葭町《よしちょう》と呼ばれた花街があったあたりで、白っぽいきものを涼しげに着こなした美しい女性に呼びとめられたという。

「桂庵《けいあん》はどこですか？」

まるで、落語に出てくるような話だ。桂庵といえば、大昔に奉公人の口入れなどをした職業安定所。大正時代までは多くの桂庵があったと聞くが、老舗がひしめく日本橋界隈には、まだ残っているのだろうか。念のため、日本橋のタウン誌編集部の方に訊ねてみた。

「桂庵はもう、さすがにないはずです。でも、あのあたりはまだ、〝出る〟のかもしれないですね」とにやり。

日本橋暮らしは、肝が冷える。

歌舞伎好きの着道楽

「海老、ありますか？」

「今は入荷してないですねえ。たまに大きいのが入るんですけど」

ここは魚屋さん、じゃあなくって、馴染みのきもの屋さん。場違いな会話には、わけがある。

歌舞伎好きの着道楽は、お芝居を見に行くとき、贔屓《ひいき》の役者や演目になぞらえて、きものや小物を選ぶ。たとえば、江戸歌舞伎の花形、市川海老蔵の贔屓だったら、海老柄の帯を締めて歌舞伎座にお出かけしたい。勢い、きもの屋さんで海老を探してまわるはめになる。

海老蔵だから、海老柄。そんな単純なことでは終わらないのが、歌舞伎のお洒落。海老蔵やそのおとっつあん、團十郎の市川家、屋号でいえば成田屋の家紋は、「三升《みます》の紋」と呼ばれている。正方形の升が大中小と三つの入れ子になっていて、力強く男性的でシンプルモダンな印象。歌舞伎十八番の「暫《しばらく》」でも、荒事ヒーローの代名詞、鎌倉権五郎景政がまとう柿渋の素袍《すおう》に描かれている。

最も舞台が華やぐ襲名披露ともなれば、座席のきものも一層、あでやかになる。二〇〇四年の海老蔵襲名披露では、一等席にこの三升紋が染められた帯を締めた、正真正銘のご贔屓さんを見かけた。格式高い、大切な家紋なのだ。色とりどりの海老が跳ねて躍る、紅型《びんがた》のきものをまとったご贔屓さんもいらした。あまりに素敵だったので、思わず声をかけて訊ねてみたら、わざわざ注文して染められたとのこと。着道楽も、ここにきわまれり。

その境地までは至らないまでも、成田屋にちなんだ帯を締めてみたい。まずは、あこがれの海老柄から。立派な伊勢海老は無理かもしれないけれど、車海老、いや桜海老ぐらいなら、こっそりあしらっても許されるのではないかしら？

あるきものデザイナーさんに相談したら、海老をほどこした帯のデザイン画をパソコンで描いてくださった。小ぶりだけれど、ぷりぷりしておいしそうな赤い海老。帯地は権五郎のあの柿渋色で、とお願いした。メールのやりとりを重ね、どんどん帯ができあがってゆく。

さて、三升の紋はどうしよう。三等席の片隅が定位置の成田屋贔屓としては、フォーマルな定紋は少々、気が引ける。悩んでいたら、ある人間国宝の歌舞伎役者さんの付き人をしていたという知人がアドバイスをくれた。

「みんな、すぐ三升の紋をつけたがるけど、本当のご贔屓さんが見たら、笑われちゃうわよ。控えめに杏葉牡丹《ぎょうようぼたん》ぐらいにしておいたら？」

杏葉牡丹は、成田屋の替え紋。いわば略式の紋で、左右対称に向き合った杏《あんず》の葉に、牡丹の花がデザインされている。江戸一番の色男、助六の衣裳にもほどこされていて、なんとはなしに艶っぽい。さっそく、海老の隣に描いていただくと、途端に華々しい。

こうして完成した世界でひとつだけの「成田屋なんちゃって贔屓」の帯を締め、歌舞伎座へいそいそと出かけた。一緒に見に行った友人がその帯を見て、「じゃあ私は象柄の帯を作ろうかしら？」と言い出した。

象？　象にちなんだ紋を使っている役者さんなんていたかしら？

「海老と象の帯を締めて並んだら、エビゾウでしょ？　それに、時蔵でも、亀蔵の舞台でも大丈夫」

座席に海老の帯と象の帯を締めて座っている自分たちを想像すると、まるで漫才コンビ。歌舞伎好きの着道楽という病いは、かなり重いようだ。

その後、友人が象の帯をあつらえたという話は聞かないけれど、私の簞笥には成田屋にちなんだ柄のきものや帯が増え続けている。

染色家、小倉充子さん作の木綿きものには、「助六」に登場する「煙管《きせる》」の文様が染められていた。一目ぼれして、いただくことに。アンティークショップで見つけた名古屋帯には、「勧進帳」の弁慶と梵字の刺繡《ししゅう》。彫刻作家さんが作った帯留は、もちろん海老。手ぬぐいだって、海老柄や煙管柄ばかり。

そうそう。忘れてならない文様は、蝙蝠《こうもり》だ。中国では蝙蝠は富貴の象徴で、成田屋でもこれを取り入れてきた。「源氏店」の舞台で、相方、与三郎の傷と自分の蝙蝠の刺青を引っかけて、蝙蝠安はこんな台詞をしゃべる。「三筋に蝙蝠は、のがれぬ仲だ」。

洒落た成田屋の柄づくし。それを聞くときの帯には、やっぱり蝙蝠が飛んでいる。

歌舞伎座の怪談

東銀座の歌舞伎座で、本当にあった怖い話。その月は、市川團十郎、中村吉右衛門、坂東玉三郎と人気役者がそろい踏み。華やかに着飾ったきものの女性たちが、歌舞伎座へと吸い込まれてゆく。

しかし、その日、玄関でひときわ目を引いていたのは、二十歳前後とおぼしき女の子二人だった。彼女たちは、白地に花が散った浴衣、素足に下駄という完璧なコーディネート。とてもかわいらしいと手放しでほめてあげたいところだ。もう、九月も半ばを過ぎていなければ。

気の早い江戸っ子は、五月の三社祭から、待ってましたとばかりに浴衣に袖を通す。季節感をいかに先取りするかが、お洒落の見せどころ。秋の浴衣は、野暮といわれかねない。

ましてや、彼女たちが向かう先は、きもの歴何十年という百戦錬磨の先輩たちがしのぎを削る戦場だ。目の肥えた先輩たちは、初心者にも容赦はない。長い芝居で、うっかり帯がずれようもんなら、お化粧室で見知らぬ手が伸びてきて、「あら、帯が曲がってるわよ」とたちまちお直しされてしまうのだ。

きもので歌舞伎座とは、やや緊張感をともなうお出かけ。いうまでもなく、九月は六月と並ぶ「単《ひとえ》」の季節だ。単の小紋や紬なんて、たった二カ月間しか着られない、ぜいたくなきものをまとっている先輩たちの間へ、季節はずれの浴衣で乗り込むなんて想像もつかない。果たして、彼女たちは無事に歌舞伎座から生還できるのかしら？

芝居がはねて、外へ出たら、彼女たちがいた。夜目にも白い浴衣は、ますますまぶしいから、すぐに見つかる。そっとその表情をうかがうと、屈託ない笑顔。楽しげに歌舞伎座前で記念撮影をしている。心配は杞憂だったようで、ほっとするやら、ちょっと悔しいやら。

歌舞伎好き、きもの好きの友人たちに、この話をしたら、「そんな怖いこと、私は絶対にできない」と異口同音。しかし最近、浴衣で気軽に出かけようと呼びかける「和」のイベントが多い。花火大会、お祭り、屋形船は定番としても、歌舞伎だってご多分にもれない。毎年八月の納涼歌舞伎だけは、浴衣でも許されるというのが暗黙の了解になっている。夏の延長線で、彼女たちが「和」のイベントに浴衣を着てきてしまっても、仕方ない。文句をつけるだけ、こちらが野暮なのかもしれない。

少し前の五月ごろ、びしっと決まったきもの姿で観劇している女性のグループを歌舞伎座で見かけた。手には「着物で歌舞伎に行こう」と書かれたチラシ。どうやら、着付け教室のイベントらしい。

きものはもちろん季節にあった小紋や紬。衿もぴっちり合わされ、補正下着もばっちりで、まるできもの雑誌から抜け出たような、一分のすきもない着姿だった。ところが、彼女たちが座ったのは三階席。残念ながら、歌舞伎座の三階は想像を絶する狭さだ。少しでも身じろぎすれば、隣席のひとや前の座席とぶつかる。そこに窮屈にきものを着込んだ彼女たちは、狭い座席を、ますます狭く感じさせた。

悪いことに、その日は晴天。三階にはいつも熱がこもるのだけれど、どんどん気温が上昇し、夏のような暑さ。そんな中、彼女たちは汗をかきながら、じーっと座っていた。まるで、何かの我慢大会のよう。きものを着る楽しさは、どこかへ置き忘れてしまったのかしら？

夏が過ぎて、九月とはいえ、厳しい残暑を引きずるように、三十度を超える日もある。私だって許されるならば、浴衣を着て歌舞伎座に行きたいぐらい。着付け教室のルールならば、単を着なければいけないところだが、そんなことをしたら熱くて苦しくて、客席で失神してしまいそう。いっそのこと、浴衣で出かけて、歌舞伎座の怪談をひとつ増やすのも、悪くないだろう。季節感を忘れてしまったのは、秋になっても、ぎらぎら照りつける太陽のほうではないか。

浴衣に下駄の彼女たちと別れ、歌舞伎座からの帰り道。今度は向こうからブーツを履いた女の子たちが歩いてきた。

はて。今はいったい、何月だったかしら？

足袋論

ショッピングで気に入ったものが重なり、火花を散らす。なんてことは、若い女性同士ならよくある話だが、どうやら私のライバルは七十歳台の女性らしい。

銀座の老舗足袋屋「むさしや」さんへ行ったときのこと。この日、どうしても欲しい足袋があった。

「三枚こはぜを下さい。二十二・五センチ細型で」

さも「通」ぶってお願いしたところ、「すみません。昨日、お客さんが買われていかれて、今、在庫がなくて……」と謝られてしまった。

二十二・五センチ細型なんて小さいサイズは今時、珍しい。靴のサイズでいえば二十一・五センチという間抜けの小足もよいところ。ましてや普通の足袋は、こはぜが四枚。わざわざ三枚こはぜを買い求める酔狂な女性が、自分以外にいたなんて。

聞けば、その女性はかなりのお洒落な方で、とある一流出版社をリタイアされてからは、きもの暮らしをされているとのこと。足袋は必ず、三枚こはぜに決まっているという。

三枚こはぜの足袋をはきたい！　それは祖母の一言から始まった。

きものを着るようになってから、いろいろな足袋を試してきた。白足袋、色足袋から始まり、縞柄や花柄、小紋柄の足袋、夏場はレース素材まで。足袋がしまってある引き出しをのぞけば、迷走する足袋歴は一目瞭然。最もコーディネートに悩むのが、実は足袋だと今は痛感している。

きものと帯が決まれば、合わせる半衿、長襦袢、バッグと履物は順次、決まってくる。最後の最後に残るのが足袋。柄のあるきものの裾と、柄のある鼻緒が交差する重要なポイントに、センスよく色足袋や柄足袋をコーディネートするのは、至難の業なのだ。

なかなか落ち着かない孫の足下を見て、ため息をつく祖母。

「昔はみんな、足袋は白。こはぜは三枚だったね。四枚なんて、しち面倒くさいもんはいてらんないよ」

そういえば祖母は、四枚こはぜをはいたときも、一番上のこはぜを留めない。足が短く、足首も太かった祖母。三枚こはぜの浅い、真っ白な足袋は、足を小さく、きれいに見せてくれるのだ。

四枚こはぜが主流になったのは、戦後から。宇野千代さんの『きもの読本』（昭和三十二年、ダヴィッド社）にもこうある。

「四枚こはぜ、五枚こはぜの人が多く、三枚のをはいている人は殆ど見かけなくなりました。（中略）昔はお洒落な人ほど浅い足袋を好み、二枚こはぜのくるぶしが半分かくれるかどうかというような浅いのをはいていたということです。素肌が見えるのが伊達とされていて、歩くと足首の肌がちらちらと見えるのが良かったらしいのです。そして深い足袋は良く云えば上品、悪く云えば野暮ったいものとされていたというのですが今では花柳界の人達もみな深い足袋をはくようになったのですから時代がそれだけ変ったということになりましょう。そして、これには着物の着丈が少し短くなったことも原因しているかも分りません」

これを読んでは、三枚こはぜへのあこがれは高まるばかり。いてもたってもいられず、今でも三枚こはぜの足袋を作っている「むさしや」さんに駆け込んだというわけだ。ライバルには先手を取られたが、待つこと二週間あまりで、誂えた三枚こはぜの足袋は、手元に……いや足下に来てくれた。

きものを極めた人ほど、足袋には一家言ある。

たとえば幸田文さん。小説『流れる』が映画化され、その撮影現場でのことだ（『幸田文全集』昭和三十三年、第六巻、中央公論社）。

『流れる』の舞台は、芸者置屋。芸者役の杉村春子と岡田茉莉子が、化粧も衣裳も完璧に仕上がって、本番前のテストにのぞんでいる。ところが、幸田さんは彼女たちに「おや？」とひっかかる。

「足袋が気に入らない足袋だつた。芸者さんの穿《は》く足袋ではなかつた。これだけ凝つてやつてゐるのに、そして名の聞こえた女優さんがたであり監督であり、どうしてこの足袋だらうと不審であつた」

しかし、いざ本番となると、女優さんたちは物陰へと行き、やがて出てきて決まった位置につくと「とたんに気に入つた足袋」になっていた。汚れぬようにと、足袋はあらかじめ二枚重ねられていたのだ。

「咄嗟《とっさ》に私の感じたことは、岡田さんも杉村さんもひどく大きな足だなといふことだつた。二重の足袋のためであつて、ほんとはすつきりした足もとだつた」

幸田さんの〝足袋論〟は、さらに展開される。

「眼につくものである。眼につくものだから気をつけなければだめなのである。しかし又、気をつけて上手にうまくやつてもそんなに一々とりたてて褒められるものでもないのである。つまり気をつけなくてうつかり見苦しくしてゐると眼に立つし、気をつけて見よく苦心してゐるときにはさほど眼につかないものなのだ。損な部分である。足袋のことを思ふとき、私はよく家事雑用を思ふ。一しよう懸命してゐれば眼に立たないで一日怠るとあら捜しをされる割に合はなさは、足袋の役目とよく似てゐる」

そこまで読んで、あわてて、足下に目をやる。大丈夫。真新しい三枚こはぜの白い足袋が、足をきっちりと清潔に包んでくれている。

骨董市の仁義なき戦い

これはきものを着始めたころのお話。

午前五時。眠い目をこすりながら、支度を始める。今朝ばかりは、優雅にきものなんて着ていられない。

動きやすく、汚れてもよい格好ということで、Tシャツにデニム。両手が自由になるショルダーバッグを斜めがけしたら、忘れ物がないか確認する。お札が入ったお財布があれば安心。これから向かう場所は、すべて現金取引なのだ。

橋を渡り、自転車をこいで目指すは、近所の神社。毎月二回、骨董市が立つ。ここは、古着の露店が多いことでも知られている。

午前六時。現場につくと、もう戦争は始まっていた。いつもチェックする古着屋さんには、人だかりができていた。慌てて人垣をかきわけ、ビニールシートに、無造作に積み上げられているきものを物色。

この古着屋さんは、アンティークと呼ばれる昭和初期のものから、つい最近、仕立てられたものまで、ごった煮のようにきものを扱っている。状態もさまざまだが、町の古着屋さんで買うより断然、安いので人気があるのだ。

あ、白地に赤と黒の幾何学模様が描かれた、かわいい柄の銘仙！

するっ。伸ばした右手は見事に空を切っていた。右横にいた鋭い目をした年配の女性が、素早く銘仙を摑んでいった。

憤然として「敵」を見れば、ぎっしりきものが詰め込まれた紙袋を抱えている。紙袋の口からは、赤やオレンジ色、緑色の、カラフルでキュートな銘仙がのぞく。失礼ながら、とても、白髪まじりのこの女性が着るとは思えないものばかり。一体、このひとは、何者？

「あ、これ、ウチのだから！」

女性は、いぶかしんで紙袋の中身をのぞきこんでいる私を睨《にら》みつけ、言い放った。呆気《あっけ》に取られていると、女性は摑んだ銘仙を袋に詰め、古着屋さんとなにやら交渉を開始。会話から察するに、どうやら古着業者の人らしかった。

骨董市には、個人の家から放出されたばかりで業者の手を通っていない、いわゆる「初荷《うぶに》」を扱う露店が出る。そういう店から、商品価値の高そうな古着を選んで買い集め、古着市場に出す古着業者がいる。私たちが古着屋の店先で見るアンティーク着物は、こうした市場で開かれるセリで落とされ、入荷されたものが多い。

反物が産地から問屋さんをいくつも経由して、お店に並ぶころにはべらぼうな値段になる呉服業界と違い、「古着は中間マージンがないから安いのよ」と安心しがちだが、古着業界でもちゃんと中間マージンは取られる仕組みになっている。それを知ってしまうと、骨董市で自ら掘り出し物を見つけてみたくなるのが消費者心理。勢いあまって、先の女性のようなプロと一騎打ちになったりするわけ。そして大抵、負ける。

出だしはつまずいたが、気を取り直して反対側の露店へと河岸を変える。一枚五百円均一という信じられない値段で、きものを売っている古着屋さん。積み重なっているきものの山を崩していくと、黒地にピンクや赤の水玉柄が、とてもポップな銘仙を発掘した。目立った汚れや破れもない。

掘り出し物に嬉しくなって、さらに山を掘っていくと、今度はピンク地に黒い水玉柄の銘仙の羽織が。これも一緒に買っていこうかしら? と状態をチェックすると、衿の後ろど真ん中に穴が開いていた。穴は小さいけれど、場所が場所だけに修繕しても目立つだろう。冷静な判断を下し、五百円だけ払って黒い銘仙をいただいた。

今日の戦利品はこれだけ。プロとの勝負には勝てなかったが、たった五百円のきもの一枚でもアンティークきもののショップで買えば、数千円はする。「やっぱり、あの五百円の羽織も買っておけば良かったかな」と、ちょっと後ろ髪を引かれながらも家路についた。

なんとはなしに、あの羽織のことが頭の片隅にひっかかって、一ヵ月。思いが通じたのか、ひょんなところで、再会するはめになる。

珍しくてかわいい柄のきものが多いが、値段もそれなりにお高いと評判のアンティークきもの屋さん。新しく入荷したばかりのきものが並ぶ棚に、どこかで見たような銘仙があった。広げてみると、あの羽織と同じ柄。銘仙は大量生産されていたから、古着屋さんで同じ柄に出会うことがたまにある。

これもその一枚なのだろうと、ふと衿を見れば、同じ場所に同じ穴が。まごうことなき、私が買い損ねた羽織だった。値段に目をやり、また驚く。

「一万五千円」

値札のゼロを何度も数えてしまった。千五百円ではない。一ヵ月見ない間に、三十倍の値段に釣り上がっている。競馬や株につぎこむよりも相当、利回りがよさそうだ。なるほど、あの女性の必死の形相も納得。小さなため息をついて、そっと羽織を棚に戻した。もう二度と、会うことはありませんように。

続・骨董市の仁義なき戦い

骨董市の仁義なき戦いは、まだ続く。

晴れた週末の午後。きもの友達の女の子と、銀座のカフェで待ち合わせた。

彼女はアンティークきものが大好きで、骨董市にもよく出かける。今日はのんびりお茶しながら、「東郷神社の骨董市は外国人観光客が多いから、派手なきものが多いよね」「質の高い紬が出るのは新井薬師かな」などと骨董市の古着情報を交換しようかと思っていたのだけれど。

「切り裂きジャッキーに遭遇しちゃったんです！」

開口一番、半泣きになりながら、訴える彼女。怯えきった表情から、壮絶体験がうかがえる。

東京郊外で毎月一日に開かれている骨董市でのこと。ここは古布を売る露店が揃うことでも有名だ。彼女がさっそく、きものを探して露店を見ていると、先客の年配女性が小花の散った藤色の小紋を吟味していた。アンティークにしては状態も良く、しっとりとした縮緬地で、店主も女性に勧めている。

「じゃあ、これいただいていくわ。素敵なきものね」

きものを着られる方なのね。彼女が同好の士を得た気持ちで、その光景を微笑ましく眺めていたら、おもむろに女性は大声で友人らしき女性を呼び寄せ、こう言ってのけた。

「ねえねえ、これ半分にしましょう！」

そして女性はおもむろにバッグから大きな裁ちばさみを取り出すと、魚をさばくかのように手際よく、きものを真っぷたつに裁断。友人と仲良く分けあい、満足気に立ち去っていった。あとには、呆然とした表情の店主と彼女がぽつんと残されたのだという。

古裂やハギレを集めて、小物や洋服にリメイクする趣味を持つマダムたち。アンティークきもの好きたちの若い女性たちから、かの有名なイギリスの殺人鬼をもじって「切り裂きジャッキー」と呼ばれ、恐れられている。別名「コギラー」もしくは「ハギラー」（釣りの世界では、カワハギ専門に狙う人のことを指すらしいのだが）。

もちろん、若い女性だってハギレを買うこともある。半衿や帯揚げにしたり、鼻緒に誂えてみたりと布遊びの楽しさは知っている。しかし、まだ十分に現役で着られるきものを切り裂くなんて！　というのが、彼女たちの声。リメイク好きのマダムたちと状態のよいきものをめぐり、骨董市や古着屋、果てはインターネットのオークションで、小競り合いが繰り広げられる。

マダムたちにしてみれば、「布をはいで再利用する」という文化は伝統的で、古布の魅力を昔から知っているのは自分たちだという自負がある。「ちょっと前まで銘仙なんて、骨董市でタダ同然に売られていたのに、アンティークきものブームのせいで値段が上がってしまったわ」とぼやくマダムを見かけたことも。後から来たコムスメたちに漁場を荒らすなと言いたいだろう。

古着業者のプロや、アマとはいえ百戦錬磨のマダムたちには到底、かないそうもない。ところが、彼女も負けてはいない。

「でも、穴場を見つけましたよ。名古屋の骨董市はまだ知られてなくて、安くて良い品が出るらしいんです！　名古屋だったら関西に行くよりも東京から近いし。今度、一緒に遠征しませんか？」

骨董市の仁義なき戦いは、全国規模の抗争に。目を輝かせて名古屋の骨董市情報を語り始めた彼女に相づちを打ちながら、新しいお茶をオーダーした。

十二人の与三郎

「粋、粋っていうけれど、〝行きっぱなしで帰りがない〟とは、このことだよ」

江戸っ子を気取って、黒と金茶の縞のきものを着ていたら、祖母に頭から冷や水をかけられた。お手本は歌舞伎の「与《よ》話情浮名横櫛《はなさけうきなのよこぐし》」。「源氏店」の場に出てくるお富さんのような着こなしにあこがれ、縞を着てはみたが、うわべばかり粋がっているうちは無粋というもの。貫禄のないひよっ子にあだっぽい縞は、かえって野暮にみえるらしい。

粋なきものといえば、すぐに縞に飛びついてしまうおっちょこちょいだが、縞は単純なようで実は一番、着こなしが難しい柄かもしれない。凹凸の少ない体だと、縞の迫力に負けてしまい貧相。かといって、グラマラスな体でも、縞がまるで山脈の等高線のように目立ってしまい下品に。

どうしたら、粋な着こなしを身につけることができるのか？　先達の知恵を借りようと、九鬼周造の『「いき」の構造』（昭和五十四年、岩波文庫）なんぞをひもといてみる。

「我々は最後に、この豊かな特彩をもつ意識現象としての「いき」、理想性と非現実性とによって自己の存在を実現する媚態としての「いき」を定義して「垢抜けして（諦）、張のある（意気地）、色っぽさ（媚態）ということができないであろうか」

　ますます、分からない。悩んでいたところ、歌舞伎の衣裳を手がける松竹衣裳の方に話をうかがう機会があった。歌舞伎には、粋な着こなしの役者が多く登場する。特に町人がぞろぞろ出てくる演目は、縞と格子だらけ。ところが今、その衣裳が危機にさらされているという。

「『源氏店』とか、町人が出てくるお芝居には、反物を使います。昔は呉服屋さんに行けば、反物が売られてましたが、今は買えません。衣裳ができないから、源氏店ができないというわけにはいかなくて、困ってます」

　振袖や訪問着といった礼装、盛装用のは揃っているけれども、町人が普段着にするような、縞や格子の反物は、最近の呉服屋さんでは扱ってくれない。

「たとえば、十一代目團十郎が与三郎で着た結城の藍みじん。結城に行けば織っていましたが、今は織ってくれるところがない。皆さんが着るような八十万円、百万円の結城紬は売ってますが、こういう普段着の反物は需要がないので織ってくれない」

　今の尾上菊五郎が与三郎を演じるときのこと。似たようなものを織ってもらおうと、十日町や上田など、紬の産地をほうぼうまわり、頼んだそう。ところが、最低ロット数の十二反は織ってくれと言われてしまう。

「十二人も与三郎がいてもしょうがない（笑）。できるだけ少なく織ってもらいたいのですが、そうすると値段が高くなってしまいます」

「め組の喧嘩」や「髪結新三《かみゆいしんざ》」の演目も同様。違う柄を二十人分織ってもらうのに、最低十二反ずつで合計二百四十反をオーダーしなければならない。ちょっとかすめるだけの通行人が着ている縞のきものも、大変な苦労で準備されているのだ。

「織ってもらわないと、歌舞伎が続いていきません。裏方の裏方が、非常に少なくなっているのが悩みのタネです。切符も高いと思われるかもしれませんが、一つの舞台には数千万円の衣裳代がかかっています。伝統を育てていくという意味もありますので、歌舞伎座へチョコチョコと足を運んでいただければ……」

着こなしどころか、粋なきもの自体がどんどん、減っている様子。「粋」の文化を伝えるには、まずきものに袖を通さないことには。与三郎が十二人いるならまだしも、衣裳が作れず、そして誰もいなくなった、となっては困る。

祖母に「十二人の与三郎」の話をしたところ、ひとしきり笑い転げてから、「粋は地味のつきあたり、とも言うんだよ。覚えておきなさい」と教えてくれた。無理に似合わない、派手な縞を着ることはないんだから、と。まずは、地道なコーディネートから始めてみよう。

「野暮はもまれて粋となる」という言葉を信じて。

館山唐桟

とても不思議な布だった。

遠目には無地。近づくと細かい格子柄。さらに目をこらしてみれば、格子は複雑に交差する縞で構成されている。絹とは違う、優しい風合いに心ひかれる。

館山唐桟《とうざん》。千葉県館山市の齊藤家に代々伝わる木綿だ。この伝統的な技は、日本ではもう齊藤家にしか残されていない。

ばったん、ばったん……。

齊藤家の門をくぐると、迎えてくれるのは四代目、裕司さんのリズミカルな機の音。

穏やかな日差しが注ぐ庭には、染められたばかりの色鮮やかな糸が風にそよいでいる。糸を染め、機を織り、仕上げの砧《きぬた》打ちまで、齊藤家ではほとんどが手作業で行われる。

館山は織物の産地だったわけではない。かつて、日本のあちこちで唐桟は織られていた。明治時代、職を失った武士のため技術を学ばせる授産所が設けられた。そこで唐桟織りの技術を得た齊藤家のひいおじいさん、茂助さんが館山に移り住み、唐桟を織り始めた。

唐桟の起源は諸説あるが、インドから伝えられたとされる。もともとは桟留縞《さんとめ》。つまりインドにある布の産地、チェンナイの地名サントメにちなむらしい。「唐渡りの桟留縞」が、唐桟に転じたというのだ。絹の贅沢《ぜいたく》を禁じられた庶民のおしゃれでもあり、江戸時代には粋な柄がもてはやされ、大流行した。

その後、全国の唐桟は日本人のきもの離れで衰退。残ったわずかな産地も機械化されてしまう。房総半島の最南端館山で、昔ながらの手染め、手機という齊藤家の技だけが、タイムカプセルのように保存された。

裕司さんの仕事部屋には、染料の材料やきれいに染められた糸がところ狭しと並ぶ。土間には、ふたつの藍甕《あいがめ》。木綿は染めるのが難しいため、一部に化学染料を使うものの、裕司さんは自然の染料もなんとか入手して、丁寧に丁寧に糸を染め上げる。

「藍と渋木《ヤマモモ》を同じぐらい使いますね。それから、ヤシャ、ゲレップ、ビンロウジュ……」

館山唐桟の美しい縞は、こうして彩られていく。

裕司さんが奥から、大切そうに出してくださったのは、縞帖。戦災で残ったものはわずかだが、茂助さんが使っていた明治時代のものも。今ではもう珍しい、とても細い糸で織られた唐桟は、絹のような光沢を放っていた。

縞ばかりのハギレの中に、ところどころ、ビロードや刺繍、プリントされたものなど、ちょっと変わった布のハギレが混じっている。

「曾祖父が集めていたようです。勝海舟にかわいがられていたそうなので、珍しい布も手に入ったようです」

茂助さんは自らの勉強のために、海外の布も一緒にコレクションしていた。その向学心に頭が下がる。

「これが、五十鈴《いすず》縞です」

別の縞帖を指さす。その先には、白茶に濃い藍と明るい赤がきりりと配された縞。

戦後まもなく、女優の山田五十鈴さんが、「週刊朝日」の表紙で着られたそうだ。縞に特別な名前はつけてないそうだが、こればかりは評判になり、「五十鈴縞」と呼ばれることになった。

「戦後、ようやく明るい色の着物が着られるようになったと五十鈴さんは喜んでいらっしゃったそうです」。裕司さんのおじいさん、豊吉さんのころの話だ。

たかが縞、されど縞。単純な柄にもかかわらず、齊藤家の縞帖には無限の色と柄が広がっていた。裕司さんの代までに、百四十種類ほどのバリエーションが生み出されてきたという。

「唐桟は単純な平織りですが、少しずつ柄を増やしていくと縞の奥深さがみえてきました」と穏やかに語る裕司さん。最初に見た、限りなく無地に近い格子という不思議な唐桟は、裕司さんによる新しいデザインだった。

思わず財布の中身もかえりみずに反物を注文していた。それから待つこと二年。届いた反物を着物に仕立て、ようやく袖を通すことができた。優しい縞が、柔らかく身を包む。実直な手仕事の温かさ。日本人は昔、こんな豊かなきものを毎日まとっていたのだ。

「絹は買ったばかりのときが一番良い状態。あとは傷んでいってしまいます。木綿は着込んでいく楽しみがあります」

それにしても縞ばかり、何十年も織り続けるなんて。違う柄を織りたいという誘惑はないのかしら。

「縞でなければ、唐桟ではないですから」と笑う。新しい柄をデザインしても、売れ筋の柄を織るようすすめられても、それだけは崩さなかった。縞は、いつまでも続く。

考える和裁師さん

布に触っているときの顔が、本当に嬉しそうなのだ。

「これはざざんざ織ですか？　珍しいですね」

「こっちは本当の大島紬。明治時代のものですが、糸に生糸じゃなくて、真綿を使ってます。今の大島紬と全然、違うでしょう？」

和裁師の木村幸夫さんからお誘いを受け、中野の新井薬師で開かれている骨董市に出かけた。といっても、古いきものの山から、次から次へと〝宝〟を見いだしていく木村さんを横から眺めるばかり。素人の目は到底、追いつかない。

和裁師さんがなぜ骨董市に？

唐突に思うかもしれないが、木村さんにとっては自然なこと。面白い布、珍しい布、今ではもう失われてしまった素晴らしい布との出会いがあるから。この日、木村さんは静岡浜松の紬であるざざんざ織と古い大島紬を手に入れて、満足そうだった。

ほんの数日前。木村さんの工房「一衣舎《いちえや》」に、初めてお願いしたきものが、仕立てあがっていた。「館山唐桟」という、昔ながらの手機で織られている木綿。畳紙《たとうし》を開けて、さっそく羽織ってみると、何かが違う。

本来、直線的なはずのきものが、身体にふんわりとそう感覚。つたない着付けでも、なんとはなしに、「様」になっている。その美しいラインは、「二十代の修業時代から、仕立ては着物の〝要〟と思ってきた。丁寧な仕立てと着やすい寸法が大事」と言い切る木村さんの技から生まれたものだ。

今でこそ、見直されてブームとなっている木綿きもの。木村さんが普段着として木綿きものに着目したのは、十年以上前のこと。当時、普段着のきものは絶滅寸前。フォーマルのきものですら、衰退の一途をたどっていた。

「普段着を広めないと、着物はだめになる。日常に着なければ、フォーマルも着なくなってしまうでしょう？」

まず、厚手で丈夫な会津木綿を紹介した。インターネットで発信すると、感度のよい二十代、三十代の若い世代を中心に、木綿のよさが伝わっていった。木綿のきものは、よくジーンズにもたとえられる。東京のカジュアルな日常着にこれ以上、ふさわしいものはない。

最近では、雑誌の特集やインターネットの口コミで、さらに木綿好きは増えている。「木綿は、かつて労働着でしたが、今は紬のような、ワンランク上のお洒落着にしたいですね」と木村さん。

一ひねりあるアイディアは止まらない。

「着物に染みを作ってしまったとき、洗えたらどんなに楽か。それで、〝水洗いできる袷の江戸小紋〟なんて難しいものに挑戦しました。水洗いしたきものを干して、一晩中飲みながら乾くのを待って……乾いて、表と裏がドンピタだったときは感動しました」

袷となれば、表地と八掛《はっかけ》、胴裏《どううら》とすべて違う布が使われる。産地も違えば、収縮率も違ってくる。そのデータを集めるのが一苦労。

「百万円の結城紬や綿薩摩が駄目になるのを見て、スーッと血の気が引いたり……勉強代はだいぶ払ってます」と、今でこそ笑える話だ。

「職人や技術者は、名前がないだけで、安く買い叩かれたりしてしまう。きちんと正当な評価を受けて、食べていけるようになって欲しい。そのためにも、これが本物ですと示さなければ」

骨董市で布を探すのも、本物を見分ける審美眼を磨くため。この一風変わった和裁師さんの目線は、きものから布、布から糸へと自在に移る一方で、世界情勢も俯瞰《ふかん》する。

十年ほど前、ベトナムや中国で始まった、きものの海外縫製。十年、二十年と積み重ねれば、海外縫製の技術は伸びて、国内の和裁師の仕事を脅かすと考えた。

「生き残るためには、考えられる和裁師でなければだめ」。その結果が、今の「一衣舎」だ。個展を開いて新しいきものを提案してきた。

今も、アメリカや中国、アジアの動向を見守る。その推移次第では、海外縫製に大きな影響が出る。ということは、国内の和裁師にも直接、関係してくる話なのだ。

一方で、和裁師の世界にも高齢化の波は押し寄せている。次世代の若い職人たちが、和裁で食べていくためにも、考えなければならないことは山積みだ。

しかし、「これからの十年は、『お誂え』。仕立て屋の専売特許だから、面白い時代が来ますよ」とあくまでも楽しそう。そのころ、木村さんが何を縫っているのかしら。

想像できないところが、こちらも楽しい。

真夏の足つき幽霊

夏になると、浴衣を着た幽霊が東京のあちこちに出没する。幽霊には足がないのが相場だが、健康的な素足がにょっきり生えて歩きまわるものだから、ますます恐ろしい。

「また地下鉄で見ちゃったよ。今夜は隅田川の花火大会があったからね」

八十歳を超え、大抵のことには動じない祖母が、外出先から戻った早々、嘆息している。ここ数年、空前の浴衣ブーム。花火大会となれば、普段はギャルファッションの娘さんたちも、色とりどりの浴衣に袖を通して街へ飛び出す。

これはけっこうなのだが、打ち合わせが逆、つまり、「左前」。仏式の葬儀で、亡くなった方がまとう経帷子の着方をしてしまう、幽霊同然の娘さんが続出しているのだ。ミニ浴衣が流行したときは、「面白いじゃないかい」と笑い飛ばしていた祖母も、これにはガックリくるらしかった。

「左前」は、とても縁起が悪いと嫌われる。きものには、たくさんのルールがあるけれど、最も厳しく言われるのが、この「左前」だろう。若い女性の着付けがだらしなかったり、間違っていたりすると、黙ってはいられない年配の女性、「お直しおばさん」が見たら最寄りの女子トイレに連れ込まれる。そして、身ぐるみ剝がされ、最初から着付けし直し。たっぷりとしたお説教も、もれなく付いてくる。

「左前」だろうが、「右前」だろうが、細かいことに目くじら立てないで！

そんな声も聞こえるが、目くじらを立てる側にも理由がある。調べてみると、「右前」には千二百年以上の歴史があった。

五世紀ごろに作られた古墳時代の人物埴輪の衣装は、「右前」も「左前」もみられる。六世紀末から七世紀初めに築造された、奈良県明日香村の高松塚古墳の壁画に描かれた「飛鳥美人」にいたっては、堂々の「左前」だ。

では、いつから衿は「右前」と決まったのか？

右利きが多い日本。養老三年（七一九年）、時の女帝、元正天皇は、「左前から右前に改める」との詔《みことのり》を出したと、「続日本紀」にある。

当時、中国の唐王朝で奨励されていた衿の「右前」を見習ってのことだったという。唐では、敵対してきた騎馬民族の衿が「左前」だったことから、「右前」の衣服に改めており、それが日本に遣唐使などを通じて、伝わったらしい。以来、衿は「右前」が広まっていった。

そういえば「右」は、「右に出る者はいない」「右腕」など、なんだか役に立ちそうな頼もしい言葉ばかり。一方、「左」は、会社の経営が傾いたりするときに使う、もう一つの「左前」を筆頭に、「左遷」「左巻き」だの、ちょっとありがたくない言葉が多いような気もする。きもの初心者にとっては、あまり大したことないような「左前」でも、由緒正しきルールと思って、着付けのときは気をつけてもらえると嬉しい。不安に思ったら、すっと懐に利き手の右手が入るよう確認すれば大丈夫だ。

「左前、私も見てしまいました。今日は、東京湾の花火大会だったから……あれは、真夏の夜の夢だったのでしょうか？」

そうこうしているうちに、夏の間、メールでひっきりなしに寄せられる、足つき幽霊目撃情報。祖母に「また出たらしいよ」と報告すると、神妙な顔つきで、もっと怖い話を聞かせてくれた。

「初めて着る浴衣で、打ち合わせを間違えるぐらい、かわいいもんだよ。そそっかしい人っての は、昔からいてね。これまで『左前』はあちこちで見てきたけれど、一番びっくり仰天したのは、知り合いのお葬式のとき」

なんと、喪主である奥様が、喪服を「左前」に着てしまっていたのだ。

「悲しくて気が動転してたのかもしれないけれど、あれには、棺おけに入った人もぎょっとして化けて出てくるんじゃないかって思ったよ」

足つき幽霊には十分、ご注意を。

第二章
東京
きもの人

日本橋の美人姉妹　中村雅子さんと東郷治子さん

くすくすと笑いながら、ほほ寄せあって、ふたりだけの話に花を咲かせる。八十歳を超えた姉妹なのだが、女学生がおしゃべりしているように、その姿は愛らしい。

いまはもう、なくなってしまった日本橋の老舗喫茶店「えすぺろ」。姉妹は看板娘として、ずっとお店に立ってきた。きものに白い割烹着をかけて。

簞笥には洋服が一枚もない。もちろん、靴だって。

「靴を履いたら、歩けません。足が締めつけられるでしょう?」「足首がぐきってなって、転びそう……」

口々におっしゃるのは、長女の雅子さんと三女の治子さん。すでに他界された次女の美喜枝さんとともに、この界隈では伝説的な美人姉妹だった。昭和二十三年にオープンしてから、治子さんは五十年以上、雅子さんも、引退するまで二十年あまり、「えすぺろ」で立ち働いてきた。

まだ「えすぺろ」があったころ。東京の真ん中でしのぎを削るビジネスマンたち。会社へ戻るちょっとの時間に、ビルの地下へと階段を降りていく。銅色の壁紙と、時を経てあめ色になった革張りのソファが落ち着く空間。割烹着姿の姉妹が、丁寧に淹《い》れてくれたコーヒーで一息つく……。おいしいコーヒーだけでなく、姉妹目当てに通ってくるビジネスマンは少なくなかった。

「お店ではウールが一番、多かったです」。軽くて、汚れても簡単に洗える。てきぱき働くにはもってこいなのだ。「長襦袢は重いから」と半襦袢だが、きものの衿は白と決めている。「色のものは、顔もきものも死んでしまうでしょう」と雅子さん。たとえ普段着といえども、清潔感のある、上品な着こなしが自然と身についている。

小さくまとめられた、きれいな銀髪には、おそろいの簪《かんざし》が顔をのぞかせている。トルコブルーの陶がはめ込まれたもので、銀座の銀製品専門店「宮本商行」でわざわざ作らせた。何気ないお洒落は、姉妹が生まれ育った、最も東京らしい街、銀座に由来するのかもしれない。

「昔からあるお店っていったら、鳩居堂、くのや、資生堂パーラー。ビルになってしまったけれど、若松とか……」

「歌舞伎座近くの大野屋にもよく行きました。ゑり円も」

銀座の話になると、次から次へと老舗の名前が飛び出した。

「きしやさんには良いおきものがあって、散々冷やかしたわね。たくさん、反物を見せていただいてから、『またうかがうわ』なんて」。老舗呉服店でのちょっとした遊びを、雅子さんが笑いながら、こっそり打ち明けてくれる。

姉妹はきものに包まれて育った。「小さいころは絣の木綿やメリンス。お正月には銘仙を着てました」と治子さんはふりかえる。

袷の季節は、洒落た紬や小紋、夏になれば、上布《じょうふ》や芭蕉布《ばしょうふ》、明石《あかし》、絽《ろ》、紗《しゃ》。美しい三人姉妹は、浅草の仲見世で遊ぶときも、銀座で歌舞伎を楽しむときも、いつだってきもの。両国、国技館の升席に座れば、テレビカメラに映ってしまい、「おばあちゃんたち、ビール飲んでたでしょ」なんて孫から言われてしまったり。

「三人でよく旅行もしてたわね」と雅子さん。北海道、東北、金沢、九州……行った先々で、きもの姿の姉妹は目立ち、「ガイドさんもよくしてくださった」そう。

まるで「細雪」みたい。年の近い姉妹が三人も揃えば、きものを取りかえたりして遊んだのでは？　とうかがうと、「似合うものが違うんです。雰囲気っていうのかしら？」。

しっかりものの雅子さん、華やかだった美喜枝さん、おっとりとした治子さん。同じ柄のきものを誂えても、選ぶ色、似合う色はまったく違っていた。

「一緒に鮫小紋を作ったときは、私が一番地味な紺色。姉は紫でした」と治子さんが言えば、「真ん中の美喜枝は、ピンク色にしてしまって……あなた、派手だからおやめなさいって言ってもきかないんですもの」と雅子さんが継ぐ。

姉妹のきものにまつわる話は尽きない。帯締めを「帯どめ」、帯揚げは「しょいあげ」と呼ぶ。

着付けの教本には載っていない、昔からの東京ならではの言葉だ。美しいきものや長襦袢は大事に仕立て直され、素敵な思い出とともに孫の代、ひ孫の代へと受け継がれていく。

今でも姉妹が道を歩けば、「モデルさんでしょうか？」と声がかかる。きもの姿だけではなく、肌も透けるように白くて美しい。思わず「何か特別なお化粧や美容法が？」と訊ねてみた。

「いいえ。シャボンで洗顔しているだけです」

ふふふとはにかむ姉妹。その薔薇色のほほに、みほれてしまった。

浅草木馬亭の粋な曲師　沢村豊子師匠

浅草の観音さまをお参りしてから、五重塔通りのほうへ、左にそれる。少し歩いた先に、昭和から変わらぬ姿の「木馬亭」が見えてくる。日本で唯一、「浪曲」の定席があるところ。赤いビロードの狭い座席、壁には芸人の名前が入った提灯。昭和の空気をぎゅっと詰めて保存したような小さな空間だが、舞台と客席との近さが下町らしい。

この日、豊子師匠は柔らかな、赤いきもので舞台に上がっていた。「ムスメみたいな、おべべ着て……」とはにかむと、常連客から笑いが起こる。

豊子師匠は「曲師」。さまざまな物語をあるときは語り、あるときは唄う浪曲師に合わせ、三味線でBGMを奏でる。ほかの伝統芸能の三味線と違い、決まりのないアドリブ演奏。豊子師匠のバチが軽やかに舞えば、凛としていながらも艶のある音色がつむぎだされる。

十二歳で九州から上京。曲師として、十三、十四歳のころには、全国を巡業しながら舞台で三味線を弾いていた。「そのころは、綸子《りんず》や一越《いちこし》ちりめんなんかを着てました。軽くて着やすいのよ」と少女のように顔をほころばせる。かわいらしい曲師は、あちこちで人気者だったに違いない。

まだ、TBSがラジオ東京だったころ、毎日のように浪曲が流れていた。昭和二十年代のおわりから三十年代にかけては、ラジオの放送局での仕事が多かった。育児で一時は舞台を離れたが、昭和五十一年から復帰。三波春夫の三味線にも抜擢された腕前を乞われてのことだ。

浪曲師が泣けば、一緒に泣く。浪曲師が走れば、ともに走る。豊子師匠の三味線は、まるで誂えたきもののごとく、ぴたりと演者に添う。

「曲師が演者を負かしてはいけないのよ」

自然と選ぶきものも、派手すぎず、地味すぎず。

「街着の小紋が多いです。衿は白。よく舞台人がするような比翼の衿は好きじゃない。だって、似合わないから。お太鼓はびしっとしてないとダメ。膨らませるのが好きな人もいるけれど……」

豊子師匠のきものは、三味線と同じく絶妙のバランスをみせる。たとえば、帯をお太鼓に結んだら、「やりすぎると、玄人《くろうと》さんになっちゃうんだけどね」と言いながら、最後にちょっとだけ、お太鼓の手を折る方を下げてみせてくれる。お太鼓の線が床と平行、まっすぐでは野暮なのだ。

「よく粋な着方ねって言われるけれど、何十年も着ているだけ。着付け教室なんて行ったことないの」と豊子師匠。遠方で結婚式に出席したとき、一度だけ、着付けを頼んだことがある。「黙って、カカシになってたら」、紐を何本もぐるぐる巻かれてしまった。「腰ひも二本もあればいいのに。あとで、着直しちゃった。気持ち悪くて」

長襦袢は、結婚式やお呼ばれのときにしか身につけない。二部式の半襦袢ばかり。

「全部つながっているのは、まつわって、下のほうがびしっと決まらないから」

これは、つい先日の話。「初めて伝法院通りで、洗えるきものってのを買ってみたのよ。黙って着てたら、『いいきものね』ってほめられるんだけど、八千円だったの！」と笑う。

気が置けない、きものとのつきあい方。そんな豊子師匠の着姿は、どこか艶やかで、同じ女性ながらどきりとする。

ふと横を向いたとき、帯のあたりで、小さいものが揺れるのがみえた。かわいい匂い袋。帯枕にくくりつけて、帯揚げのところからぶらさげている。

「いつも、つけてるの。鈴はダメよ、舞台でうるさいからね」

小さなお洒落が、また粋だった。

本郷の「金魚坂」六代目女将　吉田智子さん

赤い尾びれが、袖のようにふんわり広がる。

愛嬌のあるランチュウは女子高生、華やかな琉金《りゅうきん》は二十代のOLさん、優美な丹頂《たんちょう》は落ち着いた山の手の奥様……水中をひらひら泳ぐ金魚たちが、きものを着た女の人に見えてきて、思わず目をこすった。

〝第一山の手〟と言われるだけあって、坂の多い本郷。

路地のなだらかな坂を奥へ奥へ下っていくと、「金魚坂」という不思議な名前の場所がある。宝永元年創業、江戸時代から続く老舗の金魚卸問屋さんだ。きれいな井戸水が豊富で、金魚を飼育するのには適した土地だった。

この坂はもともと「菊坂」という地名で、「金魚坂」ではない。でも、このあたりの子供たちは、「金魚を見に行こう」とは言わず、「金魚坂に行こう」が合い言葉。

金魚のいる坂は、「金魚坂」なのだ。そこで老舗の金魚問屋さんは、敷地内に喫茶店を開いたとき、子供たちになじみの名前をつけた。

「金魚坂」で、きものの袖を軽やかにひるがえし、立ち働いているのは、六代目女将の吉田智子さん。戦後まもなく、ここへお嫁にきた。

「おじいさんから聞いた話だと、近くに住んでいた樋口一葉も金魚を見に来てたんですって。江戸時代には、加賀屋敷のお殿様に毒味用の金魚も献上してたそうです」

ふわりふわり、金魚たちが遊ぶ水槽の前で笑う吉田さんは、金魚の女王様じゃないかと思うほど、華やか。

もう夏の終わりだけれども、残暑は厳しい。涼しげな薄緑色の絽の小紋に締めた帯には、たっぷりとした虹色の金魚が泳いでいる。金魚ばかりを描いているので、金魚絵師と呼ばれている作家、深堀隆介さんの筆だ。前帯は琉金？　お太鼓は……出目金？　金魚たちは、誰も見たことのない形をしている。

「夢の金魚なのよ」

また笑う吉田さん。「金魚坂」には金魚たちと、吉田さんの笑顔を見ようと、訪ねてくる人が絶えない。深堀さんもそんなお客さんのひとりだった。

喫茶店に入ると、先ごろ亡くなった桂文治師匠が描いたという、きもの姿の美人画が迎えてくれる。文治師匠は金魚が大好きで、たびたび、ここへ立ち寄った。吉田さんが大事にしている根付けの金魚も、お客さんが彫ってくれたもの。

ゆったりときものを着こなしていらっしゃる金魚の女王様が、みんな大好きなのだ。どうしたら、そんな優雅にきものをまとうことができるのかしら。

「身体が小さいから、織りのきものは突っ張ってしまって、やっこさんになっちゃうの。だから、やわらかものが多いです」と吉田さん。紬も最近、着るようになった。「洗いざらして古くなったきものが着やすくて、動きやすいの」とのこと。「高いきものほど着やすいですね。結城なんて、洗えば洗うほどやわらかくなって、結局もとが取れてしまうと思ってます。身体になじんで、そこで値打ちが出てくるわけです。粗末に扱うほうが、着やすくなるのよ」。

見えないところでも一工夫。裾よけが「合わせ」になっているのだ。内側はガーゼ、外側は化織。「これなら毎日ざばざば洗えるし、裾さばきもいいの」。

一見、楽ちんな着付けなのだが、腰紐はしっかりと締める。それも、季節ごとに厚みを変えて。「薄物はかさばらないように絹の腰紐。冬は幅の広めのもの。そうすると安定するのよ」

金魚の女王様は、秘密をこっそり教えてくれた。

水中で尾びれをきらきらさせながら泳ぐ金魚たち。暑い季節になれば、きものや帯の上を、ひとつ、ふたつ、泳がせてみたくなる。少しでも涼しく、美しく、きものを着られますように。

金魚の女王様のきものに見ほれながら、お茶をゆっくりいただいた。どうしてみんな、金魚に惹かれるのだろう。

「金魚を見てると、なんだかほっとするでしょ?」

「金魚坂」の店内は、その昔、鯉や金魚のための大きな水槽だった。椅子に座ると、ちょうど肩ぐらいの高さに水面がきていたらしい。

金魚柄の茶器から立ち上る湯気の行き先をたどり、天井を見上げる。天井がゆらいで、きらめく水面に変わる。いつの間か、自分も金魚になって水槽の中を泳ぎ出していた。ひらりひらりと袖をひるがえして。

神田のお母さん　川名スミさん

靖国通りを歩いていると、車で通りかかった顔見知りが、わざわざ窓を開け、声をかけてくれるそうだ。

「ニッポンのお母さん！」

神田神保町で暮らす川名スミさんのきもの姿を一目見れば、掛け声の理由もうなずける。

大正八年生まれ。青色の縞のウールに、ゆったり合わせた衿には、すっきりとした同系色を。帯は半幅を軽く締め、髪は小さくまとめて、ターコイズの簪《かんざし》を一つだけ。衿芯は硬いから入れないし、伊達締めもしない。かわりに腰紐はきちんと結ぶ。半襦袢はメリンスで、袖からかわいい水色がちらりとのぞく。

しゃんと伸びた背筋と柔和な笑顔。そのたたずまいは、絵から抜け出たような「ニッポンのお母さん」だ。きちんと見えるのに、肩のラインが柔らかくストンと落ちていて、本当に楽そう。

普段着きものにはまったものの、元来のナマケモノ気質は抜けきれない。どうやったら、できるだけ楽にきもののライフを送れるのか？　その極意を知りたくて仕方がない。

ちまたにあふれる着付けの本は、礼装や盛装、洒落着には役立つが、「家や近所でダラダラ過ごしたいときの着付け。だらしなく見えないポイント」なんて便利なものは載ってないし、と思っていたところ、スミさんに出会った。

スミさんは毎日、きもので過ごす。「あるものを着ているだけ」とおっしゃるが、鏡を見ずに着付けをこなしてしまうと聞けば、この素敵な達人の技をこっそり盗みたくなる。

岩手県生まれのスミさんは、十九歳で島田を結って撮影した見合い写真で結婚。神保町にあった染め物屋「和泉屋」さんに嫁いできた。当時、神田には、たくさんの染め物屋さんがひしめいていたそう。和泉屋も藍甕がふたつあり、職人さんたちが反物の地色を染める「引き染め」に勤《いそ》しんでいた。

染め物屋の女将さんとして忙しく働く日々だったが、スミさんは七十歳を過ぎるまでお太鼓しか締めたことがない。少女のころに半幅帯を締めていたところ、「お尻が大きくって変よ。お太鼓にしたら」と言われたから。それを律儀に守ってきた。

着付けに姿見は不要で、「手探りです」。何かコツがあるのかと思えば、「人様とお話しするときには、畳にきちんと膝をつくようにと教わるのと同じ。子供のころからですもの」と笑う。

亡くなった旦那さまは「神保町の上原謙」と言われた、かなりの美丈夫だった。大きな手毬柄のメリンスに、銘仙の羽織を羽織った新妻と、目鼻立ちのくっきりとしたハンサムな若旦那。ふ

川名スミさん

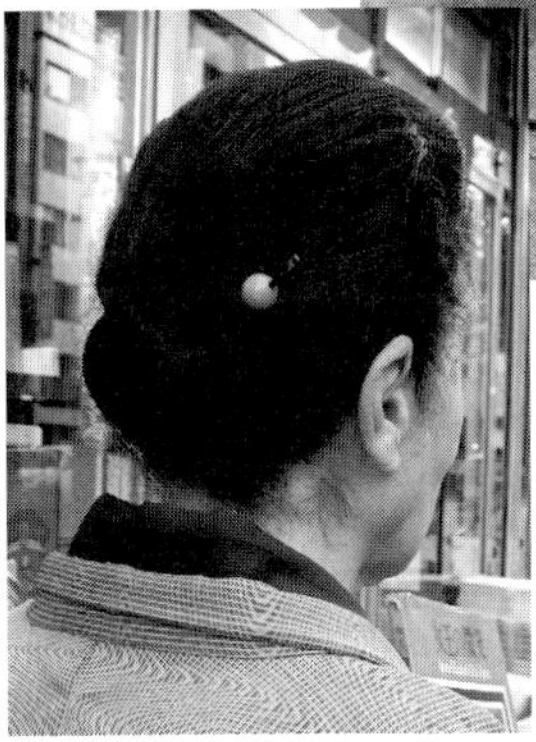

スミさんのかんざし

たりが嬉しそうに写っている新婚のころの写真を、スミさんは今でも肌身離さず持ち歩いている。

ある日、旦那さまは芸者さんと撮影した写真を、わざわざスミさんに見せた。おっとりとしたスミさんが「きれいな人ですね」と写真を眺めていると、「少しは焼き餅を焼くもんだ！」と旦那さまは拗《す》ねてしまったという。

「何をしてたんでしょうねえ」と思い出し笑いをするスミさんは、新婚写真に写っている姿と変わらぬかわいらしさだ。

今はもっぱらウールのきもの。ウールは戦後、ふだん着きものの代名詞だった。単でも暖かく、丈夫。いつも優しく包んでくれるウールは、まるでスミさん自身のよう。こんなふうに穏やかに年輪を重ねられたら。

「ニッポンのお母さん」に達するには、年季だけでなく、それなりの根気も必要のようだ。

少しのことでイライラしたり、怒ったりしないように。この冬は、ウールのきものを仕立ててみよう。スミさんのような、優しい気持ちでいられるような気がするから。

柳橋芸者衆の和裁師　管野きいさん

染色家、小倉充子さんの色は、まぎれもない江戸の色。

柿茶や、うぐいす色。渋めの色ばかりかと思えば、きっぱりとした朱色や墨色が布の上に広がる。

ある日、ふらっと入った青山通りのギャラリーに展示してあった、小倉さんの浴衣や下駄の鼻緒に一目ぼれした。愛らしい「雀」や下町の夏を告げる「ほおずき」、江戸歌舞伎のヒーロー、助六にちなんだ「煙管」など、そのモチーフは粋なものばかり。聞けば、小倉さんは神田神保町にある履物屋の娘さん。正真正銘の江戸っ子だからこそ、生み出される色やデザインなのだ。

「この人の浴衣、縫うのは大変よ」

そう笑い飛ばすのは、大正七年生まれの管野きいさん。飯田橋に暮らす和裁師さんだ。

小倉さんの浴衣は、近頃の安っぽいちまちまとした柄とは対照的な、大胆なデザインが多い。浴衣といえども、その人のサイズで柄合わせするのは、ベテランでなければ至難の技なのだ。管野さんの技は、小倉さんの浴衣を引き立ててきた。

管野さんは、十五歳で茨城から上京。すぐに風邪を引いて、身体が弱かったから、東京で和裁でも習ってこいと実家から送り出された。

最初に弟子入りしたのは、両国橋のたもと、吉川町と呼ばれていたところ。師匠は、今でいう東日本橋のあたりに居を構えていた和裁師。花街の柳橋は目と鼻の先で、師匠は足の悪い男性だったが、住み込みの弟子を十人ほど抱えて、芸者衆のきものを縫っていた。

弟子入りして最初は、東も西も分からず、洗濯や掃除、食事の支度から。一年間は、袖ばかりを縫わされた。

「もっと上手になんなきゃダメだぞって、叱られました。口は悪かったけど、師匠は良い人でしたね」

中には要領が悪くて、物差しで叩かれたりした人もいたけれど、器用な管野さんには、さほど雷は落ちなかったらしい。

そんな管野さんでも、「芸者さんのきものは難しかった」という。芸者衆の「引き着」は、特別だ。芸者は長襦袢、胴抜き、引き着と合計三枚を身にまとう。これらが美しく重なるよう、ぴたりと合わせなければならないのだ。芸者衆は、夏の薄物とて、裾に綿《わた》を入れて引く。

「今は、縫える人はあまりいないでしょうね」

とりわけ、暮れは休む間がなかった。お正月に新しい衣裳を間に合わせなければならないのだ。

管野きいさん

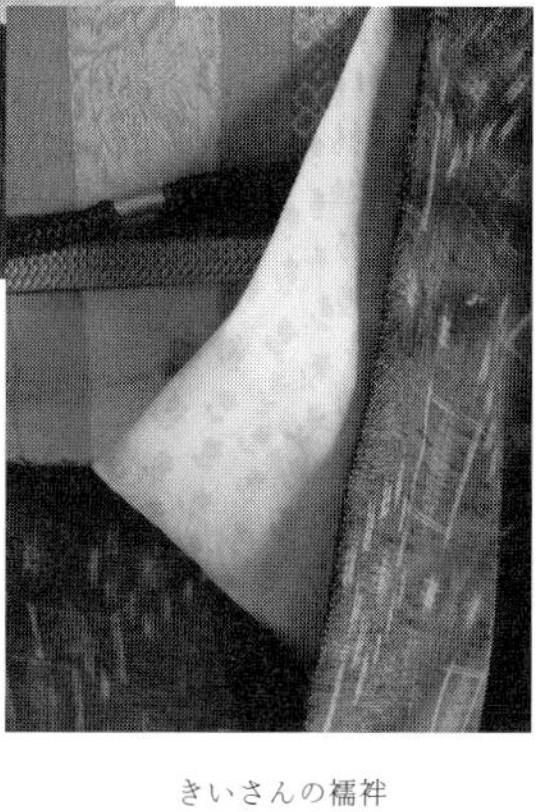

きいさんの襦袢

やっとのことで納品して、迎えた三が日。

「芸者衆がね、人力車に乗って通りかかるのよ。私たちが縫ったきものを着てね、『暮れはご苦労さん』って、おひねりを放ってくれるのが楽しみで」

頭にお正月飾りの稲穂を挿し、黒い引き着で人力車に乗るほろ酔いの柳橋芸者衆。その艶やかな姿は、和裁師さんたちの疲れを吹っ飛ばしてくれたことだろう。

管野さんはその後、結婚した旦那さまが戦争へ行き、マラリヤにかかって帰国したりと波乱の人生を歩むが、縫うことだけは止めなかった。

戦後は呉服屋さんからの依頼で、さまざまなきものを縫ってきた。小倉さんからの注文のきものも。

「一生、縫うようになっているのよ」

さまざまなきものが生まれた裁ち台の前で、にこにこと笑った。

第三章 着道楽の遺伝子

先祖代々でべその伝わり

年の瀬。赤穂浪士が討ち入りした日が近づけば、東京・両国の界隈は騒がしくなる。日本人の遺伝子には、「忠臣蔵」の三文字が刷り込まれているよう。赤穂浪士の物語は江戸のころより浄瑠璃、歌舞伎、講談と、語り継がれてきた。もちろん主役は四十七士。

ところが、仇討ちされてしまった吉良上野介の屋敷跡がある両国では、すこし勝手が違ってくる。吉良びいき。「義士祭」ではなく、「吉良祭」なんてものが開かれ、かわいそうな最期を遂げた「吉良さん」をしのぶ。下町ならではの判官贔屓だ。

その吉良邸だった場所に、昭和四年から続く写真館が一軒建っている。「工藤写真館」。明治生まれの写真師と、浅草育ちの粋な娘が結婚し、両国で写真館を開業した。

子供はぜんぶで五人。上から二番目の女の子が、私の祖母にあたる。

曾祖父は、一人娘だった祖母を、目に入れても痛くないほどかわいがったらしい。まだ少女だった祖母の気に入るきものがあれば、「おい、買ってやろうか」と必ず声をかけた。家計もかえりみずにいうものだから、曾祖母をやきもきさせたこともあったようだけれど。

祖母の着道楽は、ここから始まる。普段のきものは靖国通りの裏にあった小さなお店で買っていた。縞や格子の銘仙に、博多帯を締める。小柄だったから、余った共布で前掛けを作るのが、祖母のお洒落だった。

よそゆきのきものは、どうしたって、日本橋の三越。ショーウインドウには流行最先端のきものが並んでいた。目のさめるような紫と白の矢絣や、緋色に黒いカラスが飛んだ大胆な小紋。曾祖父が三越で誂えてくれたきものは、みんな祖母の宝物だ。

気づけば、立派な着道楽。祖母の箪笥は四棹になった。ありとあらゆるきものが引き出しにおさまっている。

「だって、ひいおじいちゃんはお洒落だったし、ひいおばあちゃんもきもの好きだったからね」

祖母のいいわけは、曾祖父や曾祖母にさかのぼる。

曾祖父は、大正十五年に昭和天皇、つまり当時の摂政宮の撮影を許されたほど、腕のたつ写真師だった。昭和になり、家一軒買えるぐらい高額だったライカを手に入れて、国技館で相撲の写真を撮影するようになる。

今でいえば、最新最高の機材で、国民的人気スポーツの写真を撮影していたということになるのだろう。青森生まれの田舎育ちだったけれども、生来の機転の早さで、東京暮らしになじんでいたようだ。

晴れ着を着た祖母や、お祝いの折りに日本髪を結った曾祖母。写真館を営むかたわら、曾祖父はたくさんの家族写真を撮影した。そして、自分自身の写真も。

たとえば、朝潮という力士との記念写真。仲良く手をつないでいるふたりのきものをよく見れば、同じ柄だ。大柄なお相撲さんのきものは、普通の一反ではとうてい、足りない。二反使い、余った布で、小柄だった曾祖父のきものを一緒に誂えたのだという。洒脱なことをするひとだった。

曾祖父と添い遂げた曾祖母は、浅草の下駄問屋に生まれ育った。一見、下町育ちらしからぬおっとりぶりだが、細やかな気遣いはやはり、東京の女性らしかった。

浅草でも両国でも、まわりには粋筋の女性が多かったから、自然と粋な着こなしが身に付いていた。決して派手ではないけれど、細かな文様で織られた大島紬や江戸小紋に、すっきりとした柄の帯を合わせる。

そんな両親のもとに育った祖母だから、着道楽になっても仕方ないのだという。

「先祖代々、でべその伝わりってね」

これは、曾祖母と祖母の口癖。先祖がでべそなら、子孫もでべそ。着道楽も、どうやら代々、受け継がれていくものらしい。

両国の工藤写真館は、祖母の弟が継いだ。その大叔父さん、ひとつお願いと頼まれれば、出かけていって謡ったり、ひねったり。謡曲や相撲甚句をたしなみ、お出かけには必ずきものを着る。おかげで、部屋には箪笥が二棹。引き出しから、さまざまな男きものが顔をのぞかせる。羽二重《はぶたえ》、夏の薄物、紬。仲間とおそろいで作った半纏《はんてん》も。「どうだ、いいだろう」と大叔父さんは自慢気だが、「わたしのきものより多いのよ」と工藤写真館に嫁入りした大叔母さんはややあきれ顔。着道楽の子供たちは、やっぱり着道楽だったようだ。

幼いころから祖母にきものを着せられて育ち、三十歳を過ぎてからは、憑きものが憑いたように、自らきものを着るようになった。寝ても覚めても、きものが気になって仕方がない。自分でも、どうして、こんなに気になるのかがわからなかったけれど、「でべその伝わり」ならば、しようがない。

そううそぶいて、今日もきものに袖を通している。

昭和６年、
おそろいの浴衣を着る曾祖父と朝潮

昭和34年、
日本髪を結った曾祖母

昭和17年、
曾祖父と曾祖母、四人の子供たち

ひいおばあちゃんの帯

平日は冴えない会社員をしている。仕事しながら、頭の片隅では、週末に着るきもののコーディネートをあれこれ。

今日、先輩がはいてきた流行素材のスカート。あの布を帯揚げにしたら、面白いかも？　オフィスの廊下ですれ違った、上司の派手な水玉ネクタイ。半衿にしたら、映えそう？　それとも鼻緒に誂えたら、かわいいかしら？

パソコンのキーボードを打つ手を止めて、妄想を膨らませていると、祖母から電話がかかってきた。なんでも、面白い帯が箪笥から見つかったとのこと。期待しながら実家に立ち寄ると、祖母がボロボロになった、茶色い作り帯を引っ張り出してきた。

古色蒼然といえば聞こえはいいが、はっきり言って、ホコリにまみれて、かなり汚い。お太鼓はぺしゃんこだし、紐もヨレヨレ。前帯の端っこは擦り切れて、帯芯がのぞいている。

肩すかしをくらって無言になっている孫に、祖母はもったいつけながら、語り始めた。

「この帯はね、大昔、海の向こうから来た布だよ。ジャワ更紗《さらさ》っていってね、あんたのひいおばあちゃんが、まだ嫁入り前にもらったものだから、明治の終わりか、大正の初めごろのものだね」

「ジャワ更紗」、今では「バティック」と呼ばれている、インドネシアの伝統的なろうけつ染めの木綿でできた帯だった。曾祖母の従兄弟は当時、大手銀行に勤めていた。出張で「ジャワ」を訪れた際、従姉妹のため、お土産にバティックを買ってきてくれたのだ。

きもの好きだった曾祖母は姉とふたりで分け、それを帯に仕立てた。用尺が足りなかったので、裏は黒繻子《くろじゅす》の昼夜帯にして、普段着の紬や木綿に締めていたらしい。昭和になってからその帯を譲り受けた祖母は、作り帯に仕立て直した。「いまどき、黒繻子なんて、流行らないからね」というのがその理由だった。便利な作り帯を、祖母は幾度となく普段の日に締めていた。

曾祖母と祖母のお気に入りだったバティックの帯。締めてみたいものの、この状態ではちょっと難しい。二度目の仕立て直しをすることにした。とはいえ、年齢でいえば、九十歳をゆうに超えた布。やたらなところに出して、さらにボロボロになるのが怖い。

やはり、「餅は餅屋」。インターネットでバティックの帯を専門に扱っている帯屋さんに、お願いすることにした。帯を送りつけてすぐ、メールが届いた。

「古色が出て、とても味がありますね。天然染料の角が取れた色です。柄は、とてもオーソドックスな、パランという柄に花がミックスされた伝統的なものです。力がありながら華奢《きゃしゃ》な感じもあって、こういう柄は大好きです。現代でも同じようなものを作ってはいますが、ほとんど化学染料です。やはり天然染料、特に藍は、深みがちがいますね」

バティックを数多く見ているプロに誉められると、あの、こ汚い帯が、それなりの帯に見えてくるから不思議だ。相談して、裏には別布をあて、足りないところには同じような色柄の現代バティックを選んで、継いでもらうことにした。

しばらくすると、生まれ変わったバティックの帯が届けられた。きれいに洗い張りされ、新品同様の名古屋帯に仕立てられた。はるか昔。遠い島から、はるばる運ばれてきた布が、再び帯として息を吹き返す。

このバティックの帯を紬に締めている曾祖母の写真が、今でもアルバムに残っている。眺めていたら、別のページには、また不思議な柄の帯を締めている曾祖母。

「ああ、これは木綿の風呂敷で仕立てた帯だね。面白い布があれば、なんだってできちゃうんだよ」

布と見れば、絹だろうと木綿だろうと化繊だろうと、何かに使えないかと思案をめぐらせるのが、きもの好きの遺伝子。曾祖母がみたら、なんといってくれるかしら。バティックの文様が映えるよう、新しい帯をシンプルな柄の木綿きものに、そっと締めた。三代目の着道楽として、大切に、大切に。

昭和30年代、
縞のきものに、風呂敷から作った帯を締める曾祖母

下町の花嫁

秋日和になった日曜日。いつもの木綿に袖を通したら、隅田川を渡り、深川の清澄庭園へ散歩に出かける。優しい日差しに池の水面がきらきらと光って、思わず目を細めた。見上げると、対岸には大正記念館。大きなガラスが三方にはめこまれたレトロな建物からは、よく手入れが行き届いた広い日本庭園を一望できる。

今から半世紀前。若いふたりがここで結婚した。花婿は、両国にある写真館の跡取り。花嫁は、山の手育ちの娘さん。

ふたりが出会ったとき、昭和三十年代が幕を開けていた。世間ではロカビリーが大流行していたが、最初のデートに花婿は人形町にあった落語の寄席、末広へ誘った。下町へお嫁さんに来てもらうには、寄席ぐらい知っていて欲しい。酒に酔えば、上機嫌になった花婿は素踊りを披露した。芸者衆にも一目置かれるぐらいの腕前だ。幸い、花嫁はそんな花婿と下町を気に入ってくれたようだった。

迎えた結婚式当日、朝から花嫁は大忙し。花婿の自宅でもある写真館の一室で、支度が始まった。お化粧が済んだら、きりりと割烹着をまとった美容師の女性が、お弟子さんと二人がかりで、てきぱき着付けていく。ウエディングドレスは、まだまだ少数派だった。

長襦袢の美しい刺繍がほどこされた衿は大きく抜かれ、流水模様の艶やかな振袖が着せかけられる。続々と集まる親族が、ひっきりなしに支度の様子をうかがいにくる。子供たちの羨望のまなざし。部屋からはにぎやかな声がもれてくる。

最後に角隠しが巻かれるころには、絵から抜け出たような姿の花嫁。支度を終えたら、写真館で記念撮影。それから、黒い留袖をぴしっと着た姑に先導され、ご近所に挨拶まわりをする。

「恥ずかしかったわ。近所の子供たちがみんな、ぞろぞろついてくるんですもの」

その日を、昨日の出来事のようにふりかえって元花嫁は赤面する。

向島の牛島神社で厳かに結婚式を挙げたら、さあ、午後からは、華燭《かしょく》の典が待っている。ふたりの結婚披露宴はちょっと変わっていた。当時としては珍しい会費制。友人四人が〝準備委員会〟を作ってくれた。大正記念館も、花婿と友人が何カ月も前に、一升瓶を抱えて徹夜で並び、申し込んでおさえた会場だった。

斬新なスタイルの結婚披露宴に、新聞記事にも「型を破る若い世代」と大きな見出しで、載ったぐらい。なにも、伝統にこだわるだけが、下町ではない。新しもの好きもまた、下町気質だった。

会費は千円。招待状には「平服にてお願い致します」と書いた。時間になると、招待客百五十人が次々に大正記念館に現れる。親族の女性たちはみな、黒い留袖。友人の女性たちは、振袖や華やかな小紋で、華をそえてくれた。

ガラス越しに差しこむ秋の柔らかな陽光と庭の緑が、二人を包んだ。宴も佳境にさしかかると、三味線や踊りなど、下町ならではの余興が飛び出し、場を盛り上げる。子供たちは、真新しいシャツやワンピースを着せられ、池の水鳥にえさをやっては、歓声を上げていた。

昭和三十三年。日本がようやく、敗戦の痛手から立ち直りつつあったころ。ようやく普通の結婚式が挙げられる時代になろうとしていた。この日、下町でのささやかな宴に集まった人たちは、笑顔が絶えなかった。

この花婿と花嫁は、祖母の弟夫婦にあたる。花嫁をご近所に紹介してまわったのは、曾祖母。支度から披露宴まで、一瞬一瞬を写真におさめたのは、写真師の曾祖父だった。

清澄庭園からの帰り道、両国に暮らす元花婿を訪ねた。この幸せな一日が詰め込まれた、大事なアルバムを見せてもらいに。

「もうすぐ金婚式だね。今度はもっと盛大にやらないと！」

茶化してみれば、「おう。お祝いに、今からお金貯めとけよ。こんどは会費制じゃないぞ」と元花婿。下町の結婚式にはまだ、続きがある。東北への新婚旅行の写真。でもそれは、二人だけの思い出なのだ。

砂時計をひっくり返すみたいに、人もきものも、あのころへと戻れるわけではないけれど、古い写真は、ときたま不思議に懐かしい風景へと誘ってくれる。

そうやってしばし、アルバムの世界で遊んでいると、今、私がまとっているきものも、もっと柔らかで温かなものになっていくようで。

アルバムを閉じて、お茶で一息。秋の休日が穏やかに流れていった。

下町の花嫁の一日

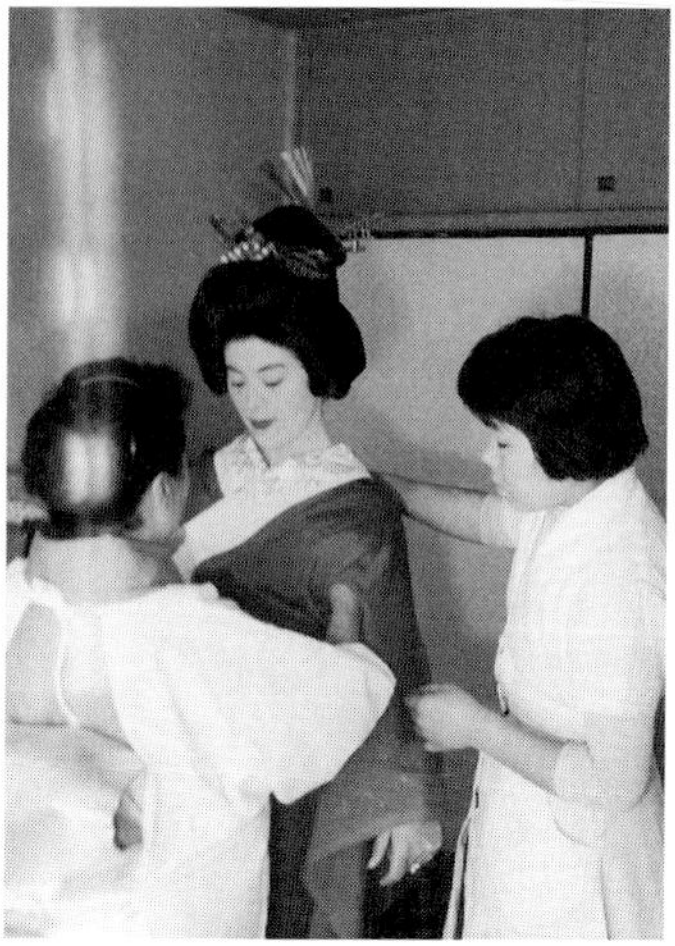

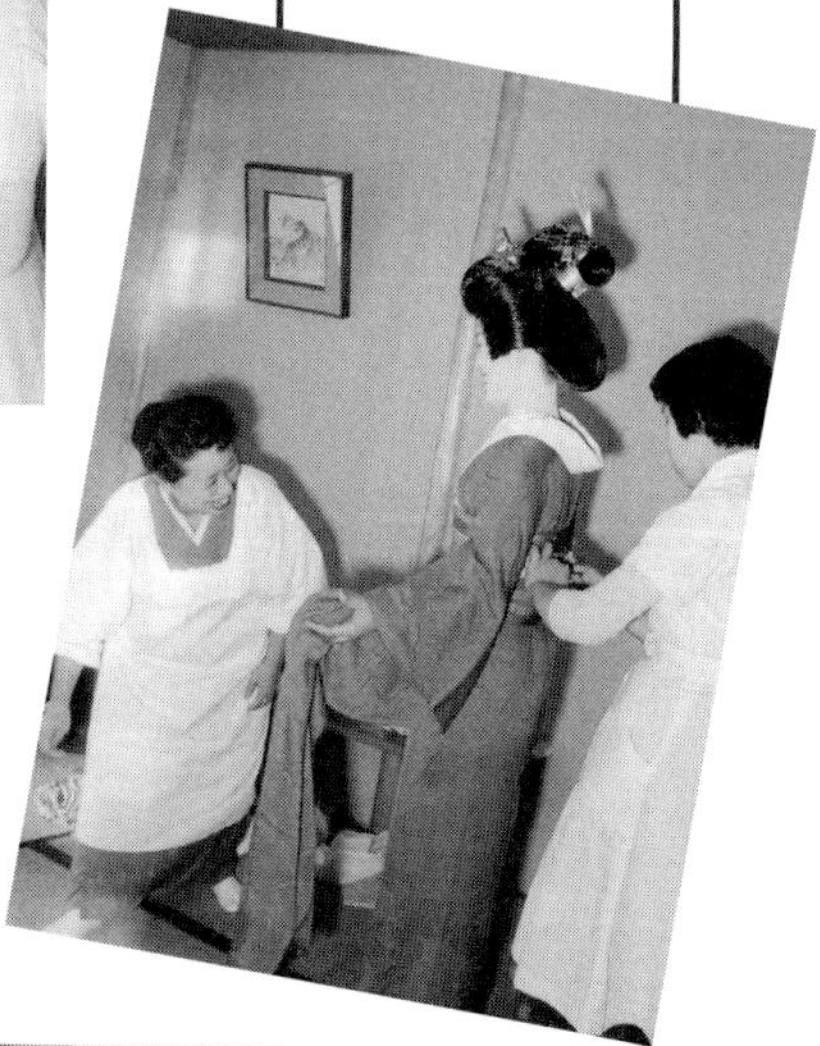

昭和33年のある日。
工藤写真館で花嫁さんの支度が
始まりました
割烹着姿で着付けの女性が
てきぱきとこしらえてゆきます

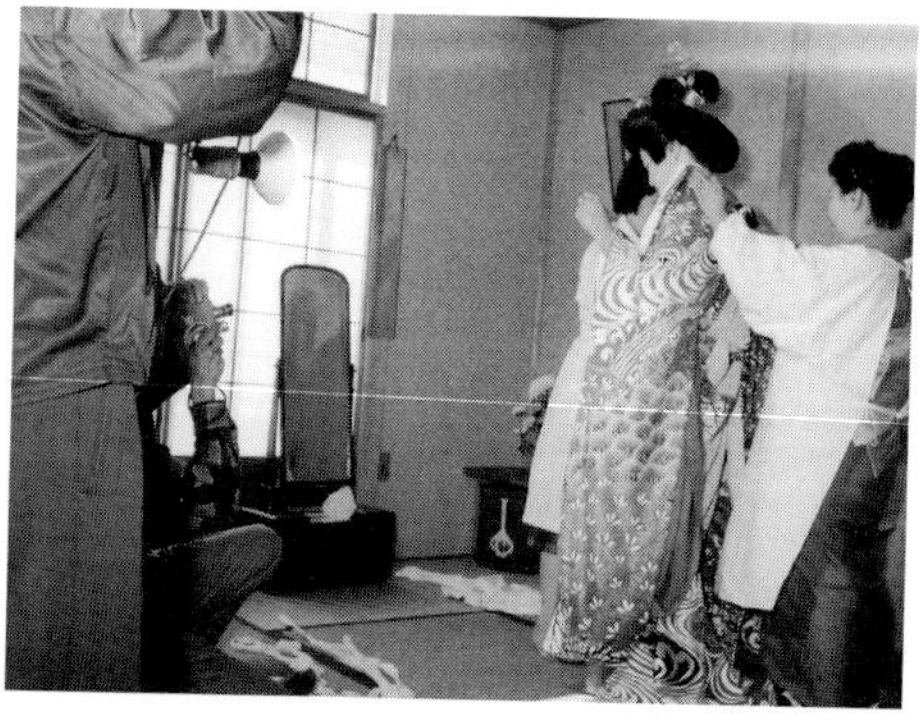

美しい晴れ着をまといます

最後は角隠しで、
花嫁さんのできあがり

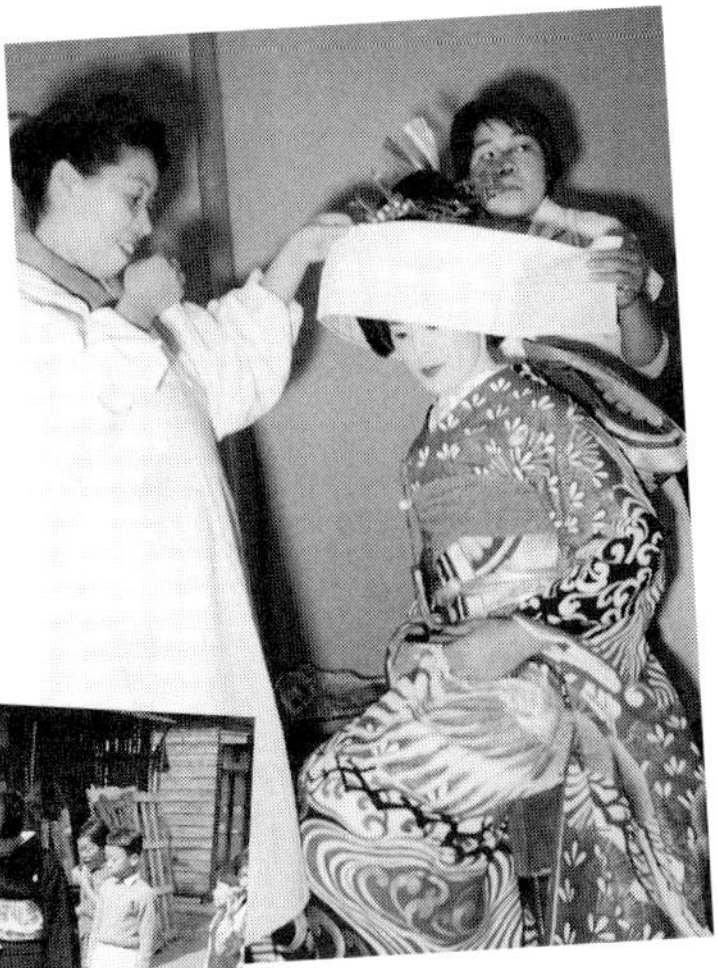

黒い留袖姿の姑に先導されて
町内をご挨拶

牛島神社で記念撮影。
子供たちがまわりを取り囲みます

下町の、佳き日の一枚

厳かな式の後は、清澄庭園へ。
華燭の典が始まります

当時にしては珍しい
平服での披露宴。親戚友人が、
思い思いのおしゃれ着で
駆けつけました

花嫁さんも衣替えです

下町の結婚式らしい演し物が続き、
いつまでも賑やかな声が
清澄庭園に響いていたそうです

箱屋の隠居

芸者衆の引き着を手際よくさばき、帯は粋な柳に締める。その芸者が最も艶やかに美しくみえるよう、着付けるのが箱屋の仕事。それに引きかえ、わが家の芸者衆と箱屋は、やや色気に欠ける。

「あらいやだ、足袋が片方、見つからないんだけど？」「この長襦袢、衿がついてないじゃない！」「ねえねえ、帯締めはやっぱり、こっちの色の方がいいかしら？」

箪笥の引き出しから畳紙《たとうし》をひっぱり出し、きものを広げて、ぴたりとはまる帯をああでもないこうでもないと探す。コーディネートを決めるまでは華やいでいた和室が、着付けの段になると一転する。

お正月や親戚の集まりのたび、母、叔母、私の三人の着付けを一手に引き受けるのが祖母。

「あんた、また太ったんじゃないのかい？　身幅が足りないよ。それ以上、横に広がったら帯も結べなくなるからね」。憎まれ口を叩きながらも、次々に娘と孫を着付けていく。

なんでも器用にこなす、優等生長女の母は一番弟子。もちろん、自分で着付けもできるのだが、帯を結ぶ最後の仕上げは、やはり祖母の「いいんじゃないかい」という「お墨付き」が出ないと、落ち着かないらしい。

叔母は、典型的なマイペース次女タイプ。長襦袢、きものまでは何とか着られるが、肝心の帯結びが大の苦手。カナダに十年ばかり住んでいた若いころ、持っていった帯をすべてぶった切って作り帯にしてしまい、祖母を泣かせたこともある。

そして最も出来が悪いのが孫の私。完全なみそっかすで、浴衣すら自分で着付けられなかった。そのくせ、子供の時分から、やれ歌舞伎だ、文楽だ、お琴の発表会だと、きものを着たがり、出かけるたびに祖母の手を煩わせていた。

やっぱり祖母に頼んで着付けてもらっていた、ある日のこと。最後にぎゅっと締まるはずの帯が、いつもと違う。なんとなしに、緩くておさまりが悪かった。

「もういい加減年だから、帯締めるのはくたびれるよ。箱屋もそろそろ隠居かね」

そう茶化す祖母は八十歳。私はすでに三十歳を超えていた。いつまでも、あると思うな祖母の箱屋。みそっかす返上目指し、着付けを覚えようと思い立った。

しかし、きものを着たいとあこがれていても、いざ着付けとなるとハードルが高い。着付け教室は高価なきものや帯を買わされたり、補正の下着や器具を使った着付けをさせられると聞く。どうも肌に合いそうもない。

祖母もきもので生まれ育った世代だけに、着付けを習ったことはもちろん、教えたこともない。名選手が必ずしも名監督にはならないように、教えを乞うには心許ない。

悩んだ末、友人から着付けのビデオと本を借りて、独学で練習し始めた。会社から帰宅すると、スーツからきものに着がえてみる。最初はいつ帯が解けるか分からない、ある意味とても色っぽい着方だったけれど、一ヵ月もするうちに、なんとか名古屋帯をお太鼓に結んで、外出できるまでになった。

ただ、どうも祖母が着付けてくれた感触とは違っていた。着崩れしないようこわごわ着付けているためか、どこかしら線が硬いのだ。

それを黙って横目で見ていたわが家の箱屋が、とうとうたまりかねたらしく一言。

「いいかい？　きものはね、着るんじゃないよ。まとうんだよ」

目からうろこ。洋服のようにすとんと、上からかぶせるのではなく、横から上げるようにして、きものを身体にまとわせる。ちょっと意識するだけで不思議と衿も抜け、以前よりもさまになっているように見える。

しかし、これでも初心者が初級者になった程度。

「長襦袢の衿はちゃんと合わせる！」「腰紐はもっと下でしっかり締めて！」「裾線が上がりすぎ！」

すっかり隠居を決めこんだ初代箱屋の祖母だが、口はますます達者。二代目箱屋を襲名した母も加わって、ふたりから罵倒すれすれの叱咤激励を受けながら、着付け修業に励む日々。晴れて三代目箱屋を継ぐ日は、まだまだ遠い。

東京フネコレ
funesan collection

笑顔が素敵。
愛用の白い割烹着に清潔感があります

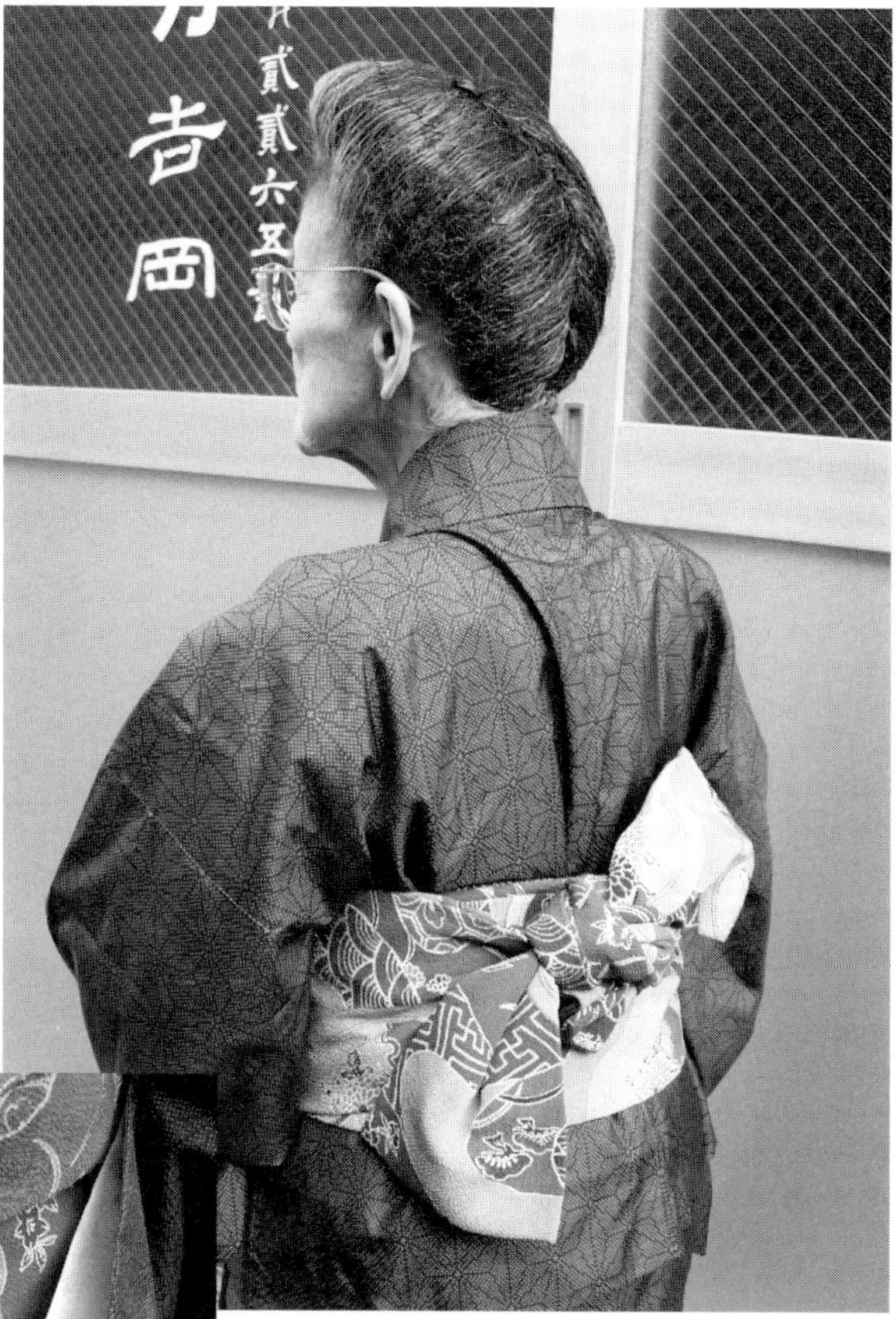

割烹着を脱いだら、麻の葉柄の大島紬に、ぱきっとした色合いの半巾帯。あっという間にお出かけ着になりました。帯には芯は入っていません。やわらかく、ふんわりと後ろでちょうちょ結びします。ふりからちらりと見える襦袢は、かわいらしいピンクです。何歳になったって、娘心は忘れません

渋い小豆色の小紋と羽織。同じ反物ではないところが憎いです。帯には藍色、帯締めには赤をさして、着こなしを引き締めます

相撲甚句をたしなまれるそうです。粋な縞のきものに、落ちついた色合いの帯を。緑の法被を引き立てます

人気の下駄屋さんを切り盛りする女将さん。絶妙なグラデーションの紬に潔い白の割烹着がよく似合います

ちょっとした仕事のときは、縞の上っぱりを着ます。同系色で合わせれば、小紋にも映えます

お茶の会の帰りに浅草へ遊びにきていた仲良し三人組をキャッチ。淡い小紋ですが、太い帯締めが華やかさをプラスしています。見事な白髪とのスタイルも素敵

薄いブルーの小紋に、同系色の濃いコート。落ち着いたコーディネートですが、赤い鼻緒が足下をお洒落に演出します

コートの下からのぞく、かわいらしい花柄のきもの。バッグでカジュアルダウンしたら、素敵な街着にもなります

すっと通った背筋が、着こなしの基本形。日本舞踊をされているだけあって、粋です。半衿にはあえて、ブルーを差して、顔まわりを引き立てます

第四章
きもの文学

きものをまとった本

くじ運が悪い。きものを買う足しになればと宝くじを買ってみるものの、下心を見透かされているのか、まず当たった試しがない。お年玉つきの年賀状ですらハズレばかり。居間でぼやいていたら、祖母が恐ろしいことを言い出した。

「うちはね、昔っからくじ運が悪いんだよ。私も、きものを当てようと思って一生懸命、全集を買ったけど、だめだったねえ」

全集を買ったら抽選で百名さまに反物プレゼント！

夢のようなコピーがついた全集が、昭和三十三年から翌年にかけて出版された。中央公論社の『幸田文全集』だ。幸田文さんといえば『流れる』や『きもの』など、きもの好きならば一冊は読んだことのある作家。文さんご自身のきもの好きを差し引いたとしても、ずいぶん気前のよい全集があったものだ。

「文さんは格子が好きだったろう？『幸田格子』っていってね。文さんの着てるきものと同じ格子柄が本の表紙になってて、その反物が当たるはずだったんだけどね」

けらけら笑う祖母。悪かったのはくじ運だけではない。どうやら金運と男運にも見放されていたらしく、この全集を買った当時、離婚していた祖父の経営する出版社が倒産。仕送りがストップしてしまったため、せっかく買った幸田文全集も売るはめになってしまった。三人の子供を抱えていたのだから、背に腹はかえられない。売れるものは、きものでも本でも売っぱらった。

「全集はまだ高い値がついたからね。とっても感じのいい、洒落た格子だったよ」

本の中身よりも、格子柄の装丁がよほど気に入っていたとみえ、祖母は懐かしそうに話す。そこまで言われれば、どんな本だったのか気になってしょうがない。翌日には神保町の古書街へ足を向けていた。あちこち探し、五軒目の古本屋でようやく見つけたときには小躍り。大事に抱えて家へ持ち帰り、どきどきしながら濃紺のカバーをはずす。

手の中に、格子柄があらわれた。優しい茶色。そっと表面をなぞってみる。しっかりとした織り。まるで、きものに触れているかのような感触が指先に広がる。

幸田格子を織ったのは、浦野理一さん。数々の女性誌グラビアや小津映画できものを担当、人気を博した染織家だ。

「本のために布を織る――染織の研究をはじめてから既に四十余年になる私の生涯において、これは想像もしなかった画期的な出来事である」

「本に布を着せるといふことは、著者である幸田さんにこの布をお着せすることだ」

『幸田文の世界』（平成十年、翰林書房）によると、全集内容見本には浦野さんの『幸田格子』を織る」が掲載されたという。幸田格子の柄は、江戸末期の播州木綿から選ばれたとのことだった。「幸田格子」を着た作家本人が、諏訪にあった浦野さんの工房を訪ねる「婦人公論」誌上のグラビアも、読者の目を釘付けにしたことだろう。

文さんのように、格子や縞のきものを折り目正しく、でも気負いなくまとってみたい。そう祖母に告白したところ、「あんなひとは、もういないよ」と一笑。私のきもの師匠である祖母にとってすら、雲の上の人だった。手が届くはずもない。

幸田格子の反物が当たったラッキーな百人は、昭和三十四年の「婦人公論」五月号で発表された。全国津々浦々から選ばれた当選者リストに、祖母の名前はない。

くじ運の悪さはどうやら家系らしいが、せめて一度は手放してしまった幸田格子を見せてあげようと、全集は祖母に届けることにした。それは、きものをまとった美しい本。

幸田文さんのきもの

江戸で「大川」と呼ばれていた流れは、東京となってからは「隅田川」と名を変えたが、今もたっぷりと水をたたえ、海へと向かう。

この大らかな川のほとり、向島で作家、幸田文さんは明治三十七年に生まれた。江戸のような町中でもなし、木々の生い繁る山中でもなし。その境界にあるのんびりした向島を、文さんは「川のむこう」と呼んだ。その昔、隅田川の東側は、そんなふうにいわれていた。

文さんに遅れること十六年。同じく「川のむこう」の両国に生まれた祖母は、文さんにひとかたならぬ親しみを抱いていた。同郷の大先輩といったところ。

文さんと祖母は、川の流れでつながっていただけではないようだ。着道楽の祖母にとって、文さんの本はバイブルでもあった。樋口一葉、長谷川時雨、田村俊子、岡本かの子、森田たま、宇野千代、林芙美子、白洲正子。

東京に暮らし、きものを愛し、きものに愛された女流作家は数多《あまた》いるけれど、いつだって、文さんのきものは祖母のあこがれだった。縞や格子といった好みも、おんなじ「川のむこう」育ちだからか、よく似ている。

「なにを読んでも、きもののことが書いてあるから」と、祖母にすすめられるまま、文さんの本を読み始めた。小説『流れる』（『幸田文全集』第六巻、昭和三十三年、中央公論社）。隅田川沿いの芸者置屋で働く女中の梨花は、冷静な視線でくろうとの世界に生きる女達と、そのきものを観察する。元名妓だった置屋の女主人が、ぐずる子供に抱きつかれ、倒れこむときの描写。

「ずるつ、ずるつとしなやかな抵抗を段につけながら、軽く笑ひ〳〵横さまに倒されて行くかたちのよさ。しがみつかれてゐるから胸もとはわからないけれども、縮緬の袖口の重さが二の腕を剝きだしにして、腰から下肢が慎ましくくの字の二ッ重ねに折れ、足袋のさきが小さく白く裾を引き担いでゐる。腰に平均をもたせてなんとなくあらがひつゝ徐々に崩れて行く女のからだといふものを、梨花は初めて見る思ひである」

きものを着慣れた、というだけでは到底、足りない。

きものと生きた女性でなければ、こうまでは書けない。文さんの写真をあれこれ見返せば、きっぱりとした気性に、たぐいまれな知性、困難に負けない、どしょっぽね。そのすべてが文さんの書くものと同じく、きもの姿からも立ちのぼるよう。すっきりとした縞や洒落た格子。隙がないのに、硬さもない。思い描く東京のきもの、そのものだった。

小説だけではない。今でいうエッセイのような短い文章でも、文さんの慧眼は行き届く。うなってしまったのは、『かきあわせる』（「幸田文　きもの帖」平成二十一年、平凡社）。和服の楽しさを説く文さんは、「それは色彩や柄や模様とかではなく、布の品質でもありません。着るときの感覚なのです」という。

きものはかぶるのでも穿《は》くのでもなく、打ち合わせるもの。

胸だって腰だって、自分自身の好みで自由になる。不自由と思われていながら、一度、袖を通してしまえば、きものは着るひとの心や体、感覚に寄り添ってくれる。なぜこんなにもきものに惹かれるのか、その理由がおぼろげに輪郭をあらわしてきた。

染めの美しいきものをまとえば、最初はひんやりとした絹が肌に触れ、やがて温かく潤う。深みある織りのきものをまとえば、実直な布に包み守られているようで、安堵すると同時に矜持も持てる。これまで打ち合わせてきたきものの肌触りが、瞬時によみがえる。

そういえば、祖母もきものを着るときは必ず布に触れ、目だけではわからない、その味のようなものを確かめるのだった。その癖は、私にも継がれている。いまだ、文さんや、祖母のように、自由にきものを着る自信はないけれど、あんなふうに年を重ねてゆけたら。頼りなかった小川が、ゆっくりと大きな川へ流れてゆくように。

畳紙から取り出したばかりのきものに、指の先をそっと滑らせた。

森田たまさんのまなざし

ある日、祖母の簞笥の引き出しから、見慣れぬきものが出てきた。流水文様のうえに、御所車や花籠が華やかに染め抜かれた「やわらかもの」。まるで、「娘道成寺」に出てくる白拍子花子がまとっていそう。きっぱりとした柄の染めや、渋めの色の紬が多い祖母の簞笥にしては、すこし毛色が違うような？

「ああ、それは、さっこさんのきものだね。お嫁に来るときに持ってきたきものじゃないかい」

さっこさんとは、祖母の弟のお嫁さん。仕事で大阪へ出張した祖母の弟が見初め、昭和三十四年に大阪から東京へとお嫁入りしてきた。ぱきっとした江戸っ子の祖母とは正反対。祖母の簞笥にまぎれていた珍客のきものも、さっこさんそのひとのように、ふんわりとやわらかい色合い。東京と大阪は、きものひとつとっても、こんなに異なるものなのかしら？

きものを愛した随筆家、森田たまさんの『もめん随筆』（昭和十一年、中央公論社）にある「東京の女・大阪の女」を思い出した。たまさんは明治二十七年、札幌に生まれたひとだが、明治四十四年に上京。大正十二年の関東大震災に遭い、一時期、大阪に住んだことがある。たまさんが見たふたつの都市。きものの違いが、そのままそこに暮らす女性たちの違いとして描かれている。東京の女。その昔、赤坂で出ていた妓が、日本橋の大きな木綿問屋の息子と恋に落ちたが、周囲の反対にあい、それでは一緒に死のうと関西へと赴く。

月の美しい夜、須磨の海岸にふたりはざぶざぶと……入ったものの、なかなか死ねない。仕方なく、ふたりはまたざぶざぶと引き返してきて、何か憑きものが落ちたように気がそがれ、それきり別れてしまったという。

「大島が高かつた頃で女は大島の対を着てゐたが、なんの事はない、その二百円とか二百いくらとかの大島を、わざわざ須磨の海に捨てにいつただけのものである」

周囲の年寄りはもったいないと女をとがめる。相手の男から、大島代どころか、もっともらうものをもらって、別れた方がよかったのではないかと暗にいうのだ。女は自分の純情を金勘定されるのをいやがった。

「知らぬふりして、東京の何とか何とかでさつきの鯉のふきながしと爪弾きで唄つてゐた。まつたく五月の鯉のふきながしのやうな気だてで、『その人に会ひたくはないの』とたづねると、『え。どうせ一しよにはなれないんですもの、死ぬか別れるか。――もう死んぢやつたんですよ』と笑ふのであつた」

たまさんは、この女を「東京人特有の遠慮がちな、はにかんだ気持を多分にその胸に住まはせてゐるのでは、いつも人の知らない苦労をしてゐるのではないか」と案じている。

それに比べて、大阪の女。たまさんの筆致は途端に変わる。「大阪の婦人は、無遠慮といっても良い程率直で、見も知らぬ往きずりの他人に声をかける位はなんでもない」

たまさんはある冬、変わった生地のコートを着て歩いていたところ、大阪の女たちにつかまってしまう。

「あんさんのコートこらなんちう生地でんね」「どこの店でこさへはりましてん」

またたくまに、コートの品評会が始まり、納得ゆくまで離してもらえない。あっけにとられたたまさんだが、「そのかはり大阪の婦人の着物に対する知識の深さはたうてい東京の女の及ぶところではない。西陣に近いせゐでもあらうが、おなじ友ぜんを見ても、これは千さうのものこれは千々のものとちやんと区別がつく」と認めざるを得ない。

その後、『今昔』（昭和二十六年、暮しの手帖社）でも、東京と大阪のきものの違いをたまさんは書いている。

「京都の西村といふ染屋は本家と分家で、千總《ちそう》、千々とわかれてゐる。遠来者の私の眼には、おなじ好みの友禅とよりうつらないのに、土地の人は大てい見分けがつくらしく、千總にしてはちよつと色が濃いかとおもたら、やつぱり千々でしたなといふやうな事を話しあふ」

まるで、八百屋さんで野菜の品定めをするように、きものを深く、厳しく扱う。流行だからといって、品質の悪いものに飛びつくことはない。

反対に「東京の女はちりめんの種類も目方も、染織者の名前も知らなかつたけれども、何となく自分に似合ふものをえらぶセンスは持つて」いるという。東京、大阪、どちらに荷担するでもなく、両者を見つめるたまさんのまなざしは、透きとおる。

確かにきものには詳しい祖母だが、織物や染め物の種類、産地は見分けられても、さすがに、染織者の違いにまでは、ゆきついていなかった。「あの大島、どこへやったの?」と聞けば、「ほしがってたひとがいたから、何かの折りにあげちゃった」などと、それこそハラワタのない、鯉のふきながしのような「東京の女」ではあったけれど。

祖母の箪笥にある珍客のきものは、大阪の女がみれば、どこの、どんなものなのか、わかるかもしれないが、残念ながら、東京の女である私たちには知るよしもない。畳紙に包まれたまま、今も引き出しの奥底に眠っている。

かあいらしい、たまさんの本

きものが大好きな、編集者の友人の持論。「本ときものはよく似ている」。本の大部分を占めるカバーは、「きもの」、そのカバーを飾る帯はそのまま、「帯」、めくれば出てくる艶やかな表紙は、さながら「長襦袢」。するとこ、本の背がばらばらにならないよう、補強のためほどこされた、ちらりと見える花布《はなぎれ》は「半衿」で、しおり紐はさしあたって「帯締め」になるのでしょうか?

本を読むのも好きだが、美しい本の装丁も、きものと同じく目に楽しい。随筆家、森田たまさんに惹かれたのも、邪道かもしれないけれど、本の装丁からだった。たまさんが随筆を盛んに書いていた昭和のころは、出版業界が隆盛を誇り、しっかりとした箱に入れられた、豪奢な本がたくさん、出されていた。

きものには一家言持っていたたまさんが、自らの本の装丁に凝らないわけがない。二十冊目の随筆集となる『待つ』(昭和三十四年、文藝春秋新社)のあとがきで、「装幀はいままでもずうっと自分でしてきました」と明かしている。そのどれもが、本当に「かあいらしい」。

デビュー作にしてベストセラーになった『もめん随筆』（昭和十一年、中央公論社）。若草色の、小さな丸い模様が入った箱の中から、鮮やかな朱と白の市松柄の本が顔をのぞかせる。若い娘さんのきものから、長襦袢がちらりと見えるよう。

黄色と桃色の縞の本が、紫色の絞り模様が刷られた箱から姿を現すのは、『針線餘事』（昭和十七年、中央公論社）。その中で、たまさんは幼なじみのことを思い出している。

若いころのたまさんは、好き嫌いが激しかった。着物のことになるとますます激しい。「私は一生縞の着物を着て暮す」と宣言する。そんなたまさんに、賛同してくれた同級生がいた。「おしづさん」という女の子で、一緒に髪を結い、縞のきものを着ては遊んでいた。ところが、彼女はたった二十四歳で逝ってしまう。

「おしづさんが、いままで生きてゐたらどうであらうと、時々考へる。あの若い日の姿のままで、いまもなほ変りなく、縞の着物をすんなりと着てゐるであろうか」

もしかして、この本の縞は、若い娘さんだった、おしづさんにお似合いの柄だったのかもしれない。

たまさんの本は、装丁にも物語がしのんでいる。『ふるさと随筆』（昭和三十年、宝文館）は、細かい格子柄が箱に、藍色のよろけ縞が本にそれぞれ描かれる。これは、前の年にアムステルダムで開かれた、国際ペン大会日本代表として参加した際の、きものの柄。渋い色合わせだが上品。

教養と、すこしばかりの晴れがましさもにじむ。

その旅のことをつづった『ヨーロッパ随筆』（昭和三十年、宝文館）は、一風変わっている。「外箱の水いろ地に紅い縞は、丁抹《デンマーク》でもらつた百五十年前のものだといふ毛織生地を写しました。表紙はローマで買つたサルジニア島の手織りの卓センターです」。この本が出版されたとき、読者はきっと、たまさんから、ヨーロッパ土産が届いたような気持ちになっただろう。

本が先か、きものが先か。とうとう、たまさんは、本の装丁を長襦袢に染めてしまった。『今昔』（昭和二十六年、暮しの手帖社）では、こんな裏話。ある日、たまさんのもとへ、デンマークから手紙が届く。封筒から、きもの姿のたまさんが写っている新聞記事。デンマークの作家が日本を訪れ、『私のアンデルセン』という本を書いたたまさんを取材し、帰国後に新聞で紹介してくれたものだった。

たまさんの日記によると、その日着ていたのは「うぐひす茶のゆふきちぢみ」「紫の羽織」「洗ひ朱の帯」。このころでは、着る楽しみよりも、お客様への礼儀で見苦しくない程度の着こなしが多いと惜しい様子だけれど、「ただ長じゆばんだけはいまでも心が残つてゐて、時々、ふつと、こんな色のをつくつてみたいなど思ふ事がある」と書かれていた。

きものを着る楽しみは長襦袢にある、と常々考えていたたまさん。デンマークの作家に会った日に着ていた長襦袢は、『随筆貞女』（昭和十二年、中央公論社）の箱の柄を、わざわざ染めてもらったものだった。

「白と朱のこまかい市松で、白い桝には宝づくしのもやう」

新聞記事の写真では見えないけれど、このおしゃれよりも礼儀優先のきものの下に、お気に入りの長じゅばんがあるのだと思うと、それだけで満足だったという、たまさんは本当にかあいらしい。

もしも、きものを着ようと思うのなら。たまさんは若い娘さんに、こうすすめる。「まづ第一に清潔な木綿の肌じゆばんをおつくりなさい」。それから、長襦袢。「むかしは板じめといつて、紅地に白くあつさりと模様をぬいた、かあいらしくてしかもねだんの手頃なちりめんがあつたものですが、久しく見た事がありません。贅沢なやうですが、友ぜんの染めのいい長じゆばんをつくつて下さい」

上等な長襦袢を下に着れば、豊かな思いがそこからあふれてくる。これが、たまさんの持論。人から見てわからないところにこそ、本当の価値が宿る。かあいらしく、丁寧に作られた、たまさんの本がそう、教えてくれた。

下駄文学

箪笥の引き出しだけでなく、本棚にも〝きもの〟が詰まり始めた。

着付けのノウハウ本、着こなしが紹介されたヴィジュアル本、きものの描写が素晴らしい小説、きものを見る目を養ってくれる先達のエッセイ。どうしたって、「きもの」の文字が書かれた背表紙が、本棚をどんどん占領してゆく。

それがあらかた集まってしまうと、今度はきもののまわりにまで食指が伸びる。「黄金の針」（室生犀星）、「針線餘事」（森田たま）、「去りし女房の針の跡」（秋山安三郎）。本屋さんの棚で「針」という文字が目に飛び込んできたら、もしや和裁のことが書かれているかもと、ついつい買って帰ってしまうのだ。時代も作家もジャンルも、おかまいなしに読み進める。

最近のお気に入りは、「下駄」という文字がタイトルにある本。一体、どんな本なのかしら。期待しつつ、まずは永井荷風の随筆『日和下駄』（平成十一年、講談社文芸文庫）。本に誘われ、あのころの東京へ。

市中を日和下駄を引きずって歩く背の高いオヤジを見つけたら、それが荷風だ。晴れた日でも蝙蝠傘を杖がわりに、ぶらぶらと歩いている。

大正初め。急速な近代化で、変貌する東京。西洋まがいの建築物とペンキ塗の看板、痩せ衰えた並木で、銀座や上野の大通りは江戸の市街の整頓を失っているけれども、西洋市街の列に加わることもできない、とこき下ろす。

そこで、荷風は下駄をかえして、路地に入りこむ。芝居者や遊芸の師匠が多い花川戸、講釈と娘義太夫の定席が向かい合う八丁堀北島町、両国の広小路には小間物屋袋物屋煎餅屋。そこかしこで、なつかしい江戸の断片を拾いながら。

路地と同じぐらい、荷風が気にかけたのは、閑地《あきち》だった。父の形見の藍縞仙台平の夏袴がずるずる下がってくるのもいとわず、鉄条網をひと跨ぎに跨いで、突入する。

閑地には、夕顔昼顔露草車前草《おおばこ》といった雑草が咲いている。今は高層ビルが建ち並ぶ、あの丸の内にすら、閑地はあった。雑草が茂る間に池のような水たまりが広がり、夕陽の色や青空の雲の形がただようのを、荷風は飽きもせず、眺めている。

好奇心の赴くまま、風の吹くまま。『日和下駄』を読んでいると、ぶつぶつ愚痴を言いながら歩きまわる荷風の足音が響いてきそう。

荷風が東京を下駄で歩いたのなら、作家、林芙美子は巴里《ぱりー》を下駄で歩いた。昭和六年、『放浪記』をヒットさせた芙美子は、シベリアからパリへ渡る。汽車での長旅。いよいよ巴里へ到着しようとしたとき、芙美子はきものを着ていた。

車内で長い袂をひるがえした東洋の女性は珍しかったらしく、途中から乗り込んできた仏蘭西《ふらんす》兵は、もみ裏の袖をひっくりかえしてみたり、出してみたり。中国人か日本人かと仲間内で大論争になってしまい、芙美子は眠ったふりでやりすごす。

きもの姿の芙美子はどこへ行っても目立ったことだろう。巴里では、塗下駄をぽくぽく鳴らして買い出しに。伊太利人の食料品店でマカロニを買えば、「お前の舌は伊太利がよく判る」とお世辞もいわれる。『下駄で歩いた巴里』（平成十五年、岩波文庫）には、そんな愉快な旅の一幕がつづられる。

洒脱なかんかん帽子に下駄をはいていたのは、九州の歌人、中島哀浪。その息子で随筆家の草市潤は、まだ十代のころ、お洒落だった父の桐下駄をそっと持ち出した。自転車を走らせ、春の日峯さんへと繰り出すため。日峯さんとは、佐賀の佐嘉神社、松原神社の春の大祭。藩祖鍋島直茂公の院号にちなんでこう呼ばれている。そんな日の少年にとって、桐下駄はせいいっぱいの背伸び。

ところが、かっこうつけすぎて、ハンドルを切り損ね、交差点でみごとにぶっ転ぶ。おきあがって下駄をみれば、片方がまっぷたつ。短歌会に出かける父は、一張羅のきものにこの下駄をはくことになっていたのに……。

今もその日のことが心の負い目になっているという草市の玄関には、「はきふりて角のちびたる父の下駄われのひとよは玄関にあれ」。ちびた下駄の絵の上に、そうしたためられた色紙がかかげてある。この色紙、たまに訪れたひとの目に止まり、所望されれば、渋々を装いながらも、いそいそと差し出す。

父と下駄の話がつらつら書かれる草市の随筆集のタイトルは、『下駄供養』（平成十七年、三月書房）。思い出ひとつひとつが、供養され、昇華される。

日和下駄だろうと、塗下駄だろうと、桐下駄だろうと、かまいやしない。散歩や旅に、ちょっとそこまで、下駄をはいて歩いてみれば、見えなかったものが見えてくるよう。文学者に下駄をはかせれば、たちまちできあがる「下駄文学」なのだった。

あとがき

暮らしのなかに、ずうっと「きもの」がありました。

まだ、祖母と母、叔母と一緒に実家で暮らしていたころ、冠婚葬祭はもちろん、ちょっとしたお出かけにも、私たち家族はきものを着ていました。どうやら、ほかの子の家とは少し違うと気づいたのは、だいぶ大人になってからです。どうして、わが家はこんなにきものがあふれているのかしら。原因まで考えるようになったのは、つい最近のことでした。

祖母です。わが家のきものはすべて祖母が選び、買い、手入れしていました。何を着たらその場にふさわしいか。きものと帯の色や模様、素材だけでなく、格も釣り合っているか。でも、そうやってお行儀よい着こなしをほんの少し、下品にならないよう気を配りながら、東京らしくお洒落にどう崩すか。教えてくれたのも、きものが広げられた和室の真ん中に、いつも陣取っている祖母でした。

この本でも度々書いたとおり、祖母は着道楽。大正時代、両国の写真館に生まれ、きものに不自由なく育ちました。若い時分には戦争で、きものは焼けたり、米と引きかえたり。戦後は子供三人を抱えて離婚、女手ひとつで子育てしながら昭和を生き抜きました。

私が生まれたころから、虎ノ門の喫茶店や銀座のレストランの店を切り盛りしていた祖母は、少しずつ、きものを買う余裕ができました。八十歳を超えてもなお、仕事ばかりしていた祖母の、唯一といってよい趣味が、きものでした。いえ、趣味というよりも、呼吸をするのと同じぐらい、自然な営みだったのだと思います。

私は三十代になってから、うすぼんやりしていたきものとの付き合いに、一歩踏み込みました。着道楽の師匠はもちろん、祖母です。祖母はレストラン経営、私は新聞記者。仕事が終わったら午前様です。それでも、真夜中に居間でお茶をすすり、お煎餅をかじりながら、きものの話が尽きません。情緒もへったくれもありませんでしたけれど、祖母とのきもの修業は楽しくて仕方ありませんでした。

ある日のこと、祖母は四棹あった箪笥の整理を私に手伝わせました。

「千香が着たいと思うきものを選んでちょうだい。残りはぜんぶ処分するから。それから、この辻が花は捨てないようにね。この帯と合わせるといいよ。この江戸小紋と大島もよいものだから、大事にしなさい。こういうのは何歳になったって、着れるんだからね」

あれこれ注釈をつけながら、箪笥に残すきものと、処分するきものとを分けてゆきました。それから間もなく、引き出しを少し軽くしてから、重い病いを抱えていた祖母は他界しました。

箪笥にぎっしり詰まったきものを尻目に、「こんなに冥土の土産が多かったら、三途の川を渡るときに重量オーバーで超過料金取られるよ」と祖母をからかっていたものですけれど、身軽になった祖母は、さっさとあちらへ旅立ってしまいました。

この本は、そんな祖母ときものについて書いた文章を中心に集めたものです。わが家には、由緒正しいきものや、とびきり高価なきものがあるわけではありませんけれど、祖母の大切にしてきたきものがあります。その中には、未熟な私に似合わないものも少なくありません。それでも、経糸と緯糸がきっちりとかみ合って、少しずつ織り出されるように、ゆっくりと年を経て、祖母から受け継いだきものをまとってみたいと思います。

ここまで読んでくださった皆様、本当にありがとうございました。原稿を気長に待ってくださった、筑摩書房の編集者、長嶋美穂子さんにも重ねて感謝いたします。カラーの美しい写真は、豊田都さんです。家族の写真は、祖母の実家である工藤写真館のものです。そしてきりん果の中林麻衣子さんに素敵な装丁をしていただきました。

それから、冥途の土産にこの本を持たせてあげられなかった祖母に、ごめんなさい。少し遅くなりましたが、三途の川の向こうでも読んでくれることを祈って。

猪谷千香

二〇〇九年十一月六日

著者略歴

猪谷千香（いがや・ちか）

東京生まれ、東京育ち。明治大学大学院博士前期課程考古学専修修了。祖母の実家は東京・両国の「工藤写真館」。着道楽だった祖母の影響で、きものに親しんで育つ。二〇〇三年から二〇〇七年までサイト「きものきたいねっと」を運営、「きものにからむコラム」を連載。新聞記者としても、アートや日本文化について取材を続けている。

日々《ひび》、きものに割烹着《かっぽうぎ》

二〇一〇年一月二十五日　初版第一刷発行

著　者　猪谷《いがや》千香《ちか》

発行者　菊池明郎

発行所　株式会社　筑摩書房

東京都台東区蔵前二―五―三　〒一一一―八七五五

振替　〇〇一六〇―八―四一二三

印刷所　凸版印刷株式会社

製本所　凸版印刷株式会社

乱丁・落丁本の場合は、左記宛にご送付ください。送料小社負担でお取り替えいたします。
ご注文・お問い合わせも左記へお願いします。

〒三三一―八五〇七　さいたま市北区櫛引町二―六〇四
筑摩書房サービスセンター
電話番号　〇四八―六五一―〇〇五三

ISBN 978-4-480-87814-4 C0095